KB218903

당신은
언제나
괜찮다

당신은
언제나
괜찮다

이현수 지음

북파머스

잘 살아가고 있나요?

당신은 지금 마흔에서 육십 사이에 있나요? 혹시 힘겹게 살고 있나요? 만약 그렇다면, 그 시기를 막 벗어난 저는 당신에게 일단 연민의 마음을 전하고 싶습니다. 누구나 겪는 힘듦이므로 혼자만 그런 것으로 여겨 움츠려 있지 말고 차분하게 벗어나면 된다고도 말해주고 싶습니다.

유독 힘들게 느껴질수록 털어낼 짐이 많아서라고 생각해보기 바랍니다. 40년 넘게 짊어온 짐들이니 얼마나 많겠으며, 터는 것 또한 만만할 리 없죠. 그래도 다 길이 있습니다. 짐을 털어야 하는 것은 지금 겪는 힘듦을 해소하기 위해서이기도 하지만 다음 단계를 잘 맞이하기 위해서이기도 합니다.

저의 지난 20년을 한마디로 표현하라면 "힘들었다"라는 말이 가장 맞겠습니다. "안 힘든 삶이 어디 있고 안 힘든 시간이 어디 있어?" 이런 핀잔을 들을지도 모르지만 지난 20년의 힘듦은 '예기치 않은' 힘듦이었기에 더 세게 다가왔습니다.

다가왔을 때는, 혹은 지나는 중일 때는 몰랐다가 확연히 지나고 나서야 알게 되는 것들이 있습니다. 마흔에서 육십 사이, 즉 인생에 3분기가 있다는 것도 그중 하나였습니다. 마흔이 되기 전까지는, 20대 초중반까지 열심히 배움에 정진하고 이후 직업을 갖거나 가정을 꾸리면 40대에 전성기를 맞은 후 '유지'하다가 노년기에 이르는 줄 알았습니다. 거시적으로 봤을 때 인생은 성장기–유지기–쇠퇴기로 구성되어 있으며, 유지기에 해당하는 중년기의 힘듦은 이전 세대나 이후 세대보다는 약할 것으로 생각했습니다. 즉 성장기까지 가장 힘들고 쇠퇴기도 당연히 힘이 들지만, 유지기는 그래도 큰 어려움 없이 '유지'는 할 줄 알았습니다. 성장기까지 최선을 다해 준비하면 그래도 내 노력을 어여삐 여기신 신의 선물을 야금야금 맛보는 시간 정도는 주어질 줄 알았고, 쇠퇴기 끝에 맞게 되는 죽음을 열린 마음으로 평온하게 수용하기만 하면 더욱더 신의 어여쁨을 받으며 우아하게 세상에서 퇴장할 수 있을 줄 알았습니다.

하지만 아니더군요. 맥락상 조금 어색하긴 하지만 정말 "끝날 때까지는 끝난 것이 아니다"였습니다. 어려움에서도 희망을 포기하지 않는다는 의미인 이 말에 '힘듦 또한 내 마음대로 끝낼 수 없다'는 반전의 의미가 내포되어 있을 줄은 몰랐습니다.

유지기와 쇠퇴기 사이의 큰 고개인 인생 3분기는 예상치도 못한 '깔딱고개'였습니다. 마흔쯤 살았으면 삶의 전성기에 달해서 웬만큼 겪고 알아 백전노장으로 가뿐하게 넘어갈 줄 알았는데 전혀 아니었습니다. 그래서 황당하기도 했습니다. '내' 능력이 이것밖에 안 되었나? '내'가 이렇게 소심하고 배짱이 없었나? 이런 생각을 매일 했던 것 같습니다.

삶은 성장기-유지기-쇠퇴기의 세 구간이 아니라, 유지기와 쇠퇴기 사이에 '전환기'가 있는 네 구간으로 이루어져 있습니다. 그야말로 기-승-전-결입니다. 문학에서의 '전轉'은 작품의 완성도를 높이는 매우 흥미로운 부분이지만 삶에서의 '전'은 진짜 하나도 재미없었습니다. 그저 괴롭고 외롭고 아팠습니다. 신만이 유일한 관객이고 그 관객 혼자만 재미있을 것 같다는 생각으로 억울하기도 했습니다.

인생 선배들이나 부모님 세대는 도대체 어떻게 그 시기를 넘어가셨던 걸까? 그저 개인적인 문제로만 받아들이며 속으로 삭이고 힘들다는 내색도 못 했던 걸까? 알아주길 바랐는데 내가 진지하게 받아들이지 않았을 수도 있고 어쩌면 그들도 몰랐을 수 있습니다. 그저 쇠퇴기의 이른 도래 정도로 받아들였는지도 모릅니다.

그래도 체질적으로 낙관적인 데다가 심리학을 전공한 업 때문에라도 조금이나마 이 시기를 잘 지나갈 방법이 있을 거라고 믿으면서 저부터 살기 위해서라도 부단히 찾아보았습니다. 그렇게 모은 몇 가지 이야기를 이제 독자들께도 알리고 싶어 책에 담았습니다. 곧 마흔이 될, 그리고 지금 마흔에서 육십 사이를 지나는 분들의 삶의 여정에 작은 지도地圖가 된다면 참 좋겠습니다.

마흔이 되면서 이것저것에 참 많이 흔들리고 힘든 시간을 맞이하겠지만, 그럼에도 당신은 언제나 괜찮을 것입니다. 당신의 서드 에이지에 행운이 깃드시기를 기원합니다.

2025년 5월

이현수

차
례

들어가는 말
잘 살아가고 있나요? • 4

1부

마흔에 찾아온
마음의 대소동

어느덧 마흔, 우울증이 찾아왔다 • 16

무엇 하나 내 마음대로 할 수 없을 때 • 21

마음의 대소동을 몰고 오는 불청객들 • 26

　　　호르몬 난동
　　　외부 스트레스의 압박
　　　감정적 격랑
　　　내부로부터의 위기

마음 체크 1 불청객 정리하기 • 39

2부

소동 진화:
컴포트 존에서 버티기

소동 진화 • 44

인생 3분기에 숨어 있는 선물 • 50
　　시간은 아직 내 편이다
　　내 행복 곡선의 위치는 어디인가

컴포트 존 확보하기 • 61
　　안정화
　　마음의 짐 더 얹지 않기
　　삶을 단순화하기
　　나에게 시간 내기
　　몸 돌봄 / 마음 돌봄

마음 체크 2　인생 다이어그램 만들기 • 90

정공법으로 버티기 • 91

그럼에도 아침에 일어나는 이유 • 100

중꺾마: 중년의 꺾이지 않는 마음 • 107
　　흔들릴지언정 꺾이지 않는다
　　흔들려야 진짜가 된다

그럼에도 즐겁게: 일일일소 • 123

마음 체크 3　즐거운 활동 리스트 • 132

3부
해피니스 커브
상승선 올라타기

곧 상승합니다, 안전벨트를 매세요 · 138
　　초심
　　가난하게 살 용기
　　점진적 준비

더 빨리 상승하기 위해 털어낼 것 1: 욕심과 허세 · 150
　　욕심을 덜어낼수록 충만해진다
　　허세를 덜어낼수록 더 멋진 사람이 된다
　　감사와 자기결정으로 자유로워지자

더 빨리 상승하기 위해 털어낼 것 2: 감정의 짐 · 175
　　불안을 다독이고 불충분감 수용하기
　　감정 불청객들 사랑채에 모시기
　　사랑채가 너무 복작인다 싶을 때
　　외로움 안고 가기
　　외로움을 안고 가기에는 너무 버겁다 싶을 때

슈퍼 울트라 마음 연료 · 210
　　중년기를 버티는 비밀 병기
　　감사의 치유력
　　해피니스 커브 상승의 비결

재하강이 걱정될 때 • 231

재하강은 반드시 온다
빅터 프랭클과 한 달 살기
쉬어가기

골든 서드 에이지 • 258

몇 살로 돌아가고 싶습니까?
서드 에이지 프라이드
가장 뛰어난 중년의 뇌
마흔, 축제의 시작

마음 체크 4 서드 에이지 프라이드 지키기 • 281

나가는 말
또렷하고 맑은 눈빛으로 힘차게 걸어갑시다 • 282

참고 자료 • 287

1부

마흔에 찾아온
마음의 대소동

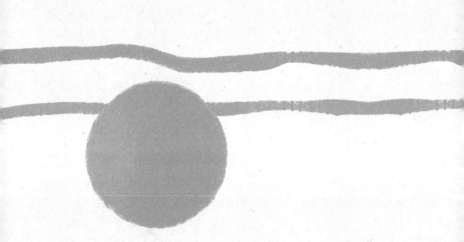

마흔이라는 용어는 마음이 무거워지는
여러 가지 상념을 불러일으킨다.
제대로 해놓은 것도 없는데
인생의 중반기에 들어섰다는 생각이 들면서
괜시리 허둥대게 된다.
그저 나이 중 하나일 뿐인데
'아니 벌써?' '맙소사!' 같은 심경을 부르는
이 마흔은 설상가상으로
마음의 대소동을 몰며 들이닥친다.

우리나라에는 전통적으로 해마다 봄이 올 무렵
대문에 '입춘대길'이라 쓴 한지를 붙이고
한 해의 길운을 비는 풍속이 있지만,
마흔이 되면 정말 현관에 뭐라도 써 붙이고
"오시는 건 막을 수 없지만 최대한 조용히 있다 가주세요"라고
부탁하고 싶을 만큼 엄청난 불청객들이 연달아 온다.
불청객은 하나만으로도 우리를 힘들게 하지만
합쳐서 거대한 소용돌이 지점을 만들기도 하는데,
바로 '중년기 우울증'이다.
중년에 들어섰다면 우울을 비롯한 다양한 증상들을
모를 사람은 없을 테니 간단히 훑어보도록 하자.

어느덧 마흔,
우울증이 찾아왔다

○

"가랑비에 옷 젖는 줄 모른다"라는 속담이 있다. 비가 온다고 생각하지 않았는데 나중에 보면 비를 홀딱 맞은 모양새가 된다는, 즉 알게 모르게 어떤 일의 영향을 받는다는 뜻이다. 중년기 우울증이 그렇다. 우울한 줄도 모른 채 십수 년간 우울하다. '들어가는 말'에서 사십에서 육십 사이의 상태를 한마디로 "힘들었다"라고 말했던 것도 '우울'이 기본적으로 깔려 있기 때문이다.

나도 중년기 우울의 시작을 단박에 알아채지 못했다. 되돌아보면 40대 중반에 작은 수술을 받은 후 회복이 더딘 데다가,

믿었던 사람으로부터 배신을 당한 일, 친척의 급작스러운 죽음 등이 시작이었던 것 같기는 하다. 이후 5~6년 동안 몸 상태는 차츰 나아졌지만, 마음은 예전만큼 기력을 회복하지 못한 채 직장을 버티다가 20년을 채우자마자 퇴사했다.

그렇다고 퇴사 후 삶이 확 바뀐 것도 아니었다. 그 후 지금 까지 15년 가까이 일하는 공간만 대학병원에서 개인 상담실로 바뀌었다 뿐이지 상담, 교육, 강연 등 임상심리 전문가로서의 일은 예전과 똑같았고 저술이 더해졌을 뿐이다. 하는 일도 똑같은데 굳이 직장을 관둔 이유는 무엇이었을까? 사실 잘 모르 겠다. 당시 지인들은 직장 내 갈등, 성과 부담, 가족 내 문제 등을 탐문하며 원인을 대신 찾아주고 싶어 했으나, 조금씩은 사실이었어도 20년간의 청장년기를 송두리째 바쳤던 직장을 미련 없이 그만둔 것을 설명하기엔 다 미흡했다. 그저 '살려고'였다는 말 말고는 정확하게 표현을 못 하겠다.

중년기 우울증이 시작되었을 때 금방 알아채지 못한 것은, 우울증의 선행 사건으로 지목할 만한 일들이 아주 버겁긴 해도 감당할 만하다고 여겼기 때문이다. 정신건강의학과에서 일하며 극도로 고통스러운 사건을 겪고 우울해진 환자들을 매일같이 보았던 영향도 컸을 것이다. '에이, 이런 일로 우울증에 걸리면 말도 안 되지. 그러면 진짜 환자들은 어떻게 살겠어?' 이린 생각을 했던 것 같다. 그때는 '실존적' 우울까지 겹쳐 오고 있었다는 것을 몰랐다.

앞에서 '살려고' 퇴사했다고 했지만, 그렇다고 '살려고'의 의미가 명백한 것도 아니었다. 무엇으로부터 살려고? 어떻게 살려고? 누가 이런 질문을 던졌다면 아무 답도 하지 못했을 것이다. 한 가지 확실했던 것은, 아무도 '내' 행복에 관심 갖지 않는다고 느꼈고, 나 또한 다른 사람들에게 그러려 하고 있었으며, 그렇게 열정과 애정이 사그라진 채로 살다가 황망하게 '죽는' 일밖에 남지 않을 것 같았다. 일단은 책임감은 좀 덜하고 자기통제감은 더 가질 수 있는 곳으로 기어서라도 옮겨 가야 했다.

퇴사 당시에는 이 모든 게 오로지 '내' 문제이기만 했다. 이런 생각에 전환이 온 것은 나중에 나와 같은 코스(?)를 밟았던 지인들과 얘기를 나누고 나서다. 그중에서도 두 분의 사연이 특히 기억나는데, 한 분은 교사로 35년간의 근속연한을 2년 앞두고, 또 한 분은 사립학교 교직원으로 20년간의 근속연한을 1년 앞두고 그만두셨다. 뒤의 분은 당시에는 20년을 채워야 사학연금을 받을 수 있었음에도 그 혜택을 포기했고, 앞의 분은 교원 근속연한 35년을 채운 것과 못 채운 것은 퇴직금 액수나 이후의 혜택에 상당한 차이가 있음에도 포기했다. "어휴, 아까워서 어떻게 해요? 일이 년만 더 버티시지?" 했더니 두 분의 반응이 놀랄 정도로 비슷했다.

"그러거나 말거나요. 그거 채우려다가 죽으라고요?"

그 말을 듣는 순간, 퇴사 시의 내 마음과 어찌나 똑같은지 컴컴한 방에 작은 등불이 하나 켜지는 느낌이었다. 어두침침한 곳에 나 혼자만 있는 줄 알았는데, 똑같이 힘들게 살던 사람들이 있다는 것만으로도 '마음 날씨'가 흐림에서 맑음으로 조금 옮겨졌다.

비로소 나는 이런 일과 이런 감정이 '내'가 아닌 '우리의' 일, '우리의' 감정이라는 자각이 생겼다. 마흔에서 육십 사이의 '우리' 말이다. 이 나이대는 결코 무시할 수 없는 인생의 소용돌이 지점이라는 것을 깨닫게 되었다. 강의 소용돌이는 강 시작점에서는 발생하지 않는다. 거기에서 한참을 흐른 후 이 샛강 저 하천의 물이 합쳐져 물의 흐름이 바뀌고, 장애물과 같은 지형적 특성을 만날 때 발생한다. 딱 중년기의 모습이다.

인생 3분기에 요란하게 발생했던 그 소용돌이를 벗어나긴 했지만, 어떻게 살아나왔는지 정확히 전달할 수 있을지는 모르겠다. 그래도 막 마흔이 되기 전의, 혹은 지금 마흔에서 육십 사이의 분들께 해줄 말은 명확하다.

"곧 소용돌이가 나타날 수 있어요. 소용돌이 끝에는 절벽이 있으니 정신 똑바로 차리고 벗어나야 합니다."

더 명확한 말은 이것이다

"말도 못 할 정도로 힘들 수 있지만 반드시 벗어날 수 있습
니다. 당신만 힘든 것이 아니랍니다."

무엇 하나
내 마음대로 할 수 없을 때

○

나는 지인들이 "죽을 것 같았다"라고 했던 말이 무슨 뜻인지 아주 잘 안다. 얼마나 죽을 것 같냐면, 아예 '먼저' 삶에서 사라지고 싶을 정도다. 신체를 사라지게 하고 싶다는 말이 아니다. 그건 자살이다. 심리적으로 그러고 싶다는 것이고, '먼저'라는 건 타인(회사, 사회 등)에 의해 사라지기 전에 '내 뜻'으로 그러고 싶다는 것이다. 책임질 일은 엄청나게 많지만 아무도 나를 배려해주지 않아 숨이 막힐 것 같고, 무엇 하나 내 마음 가는 대로 할 수 없는 중년기의 사람이 취할 수 있는 최소한의 자존심이랄까. 그 한 가지 방법으로 찾은 게 '내' 존재감이 덜한 곳으

21

로 위치 이동하는 것이었고, 그래서 우리는 직장에서 사라지는 걸 먼저 감행했던 듯하다. 한 사람이 중년에 이르렀을 때 가장 많은 책임을 져야 하는 두 번째 곳이니까.

첫 번째는 가정, 즉 부모로서 책임을 져야 하는 가정이다. 혹자는 가정에서마저 '사라지기'도 하지만 우리는 그렇게까지 정신줄을 놓지는 않았다. 아니, 그렇게 되지 않으려고 택한 게 퇴사였을 것이다. 참 이율배반이었다. 젊었을 때는 그토록 존재감을 드러내려 하다가 이제는 존재감이 없었으면 한다니.

청년기 우울증은 무언가가 돼보려고, 그것도 아주 크게 돼보려고 하다가 좌절될 때 온다. 하지만 중년기 우울증은 이미 많은 걸 성취했고 심지어 커리어의 정점을 찍었는데도 발생한다. 더 많은 것을 욕심내다가 우울해지는 것 아니냐는 지적도 있지만 그건 본말이 전도된 것이다. 이미 우울해진 상태에서 '혹시라도 내가 아직 못 이룬 꿈이 있어서인가?' '내가 아직 충분히 부자가 못 되어서 그런 건가?' 하며 헛되이 매달릴 뿐이다. 매달려서 우울해진 게 아니라 우울해서 매달리는 것이다.

꽤 많은 것을 이룬 것 같은데도 우울해지는 게 얼마나 대책 없는지는 겪어본 사람만 안다. 이루지 못했을 때는 언젠가 그리될 거라는 기대와 희망이 있다. 그러니 힘들어도 달려본다. 하지만 이미 이루었는데 행복하긴커녕 이상하게 우울하다? 이

건 약이 없다. 알고 보니 이런 경우는 셀 수 없이 많았다.

『인생은 왜 50부터 반등하는가』[1]를 쓴 조너선 라우시는 자신이 심한 침체감을 느꼈을 때가 잡지계의 퓰리처상이라고 하는 '내셔널 매거진 어워드'를 받고 2주 정도 지났을 때였다고 했다. 『꽤 괜찮은 해피엔딩』[2]을 쓴 이지선 작가는 대학교수 발령 후 1년쯤 지나서 우울증이 왔다고 했다. 이지선 교수는 스물세 살에 교통사고를 당해 얼굴을 포함한 전신 55퍼센트에 3도의 중화상을 입고 마흔 번이 넘는 고통스러운 수술을 받았다. 그럼에도 마음을 다잡고 미국에서 사회복지학 박사학위를 받고 국내에서 교수 발령을 받았으니 그간 얼마나 힘들었을지 긴 말이 필요 없다. 그런데 그렇게 힘든 시기에도 오지 않았던 우울증이 모든 것을 다 이룬 시기에 왔다는 것이다. 책을 읽어 보면 얼마나 낙관적이고 감사가 습관화된 분인지 알 수 있다. 그럼에도 중년기 우울증을 피해 가지 못했고 잠시 항우울제를 먹었다고 고백한다.

또한 중년기 우울증을 겪을 때는 도움받을 데가 없다. 물론 청년들도 그렇다고 말할 것이다. 하지만 엄밀히 따지자면, 없는 게 아니라 청년들이 이런저런 이유로 스스로 도움을 요청하지 않는 게 더 크다. 미우나 고우나 기댈 수 있는 가족이 있고, 맘에 들든 안 들든 친구가 건재하고, 사회는 아직 청년들을 보호하려는 태세를 갖추고 있다. 하지만 중년을 도우려는 가족이나 친구, 국가를 본 적 있는가? 자녀의 도움을 받는다는 건 애초에 불가능하고, 쇠약해져버린 부모는 이제 우리 중년기 자식에게 의존하며 한층 더 심한 마음의 고통을 지운다. 국가는 중년쯤이면 돈이 많다고 생각해 온갖 세금을 물리는데, 중년이 전 세대에서 가장 돈을 많이 버는 것은 사실이지만 그 돈으로 가족을 먹여 살리느라 수입보다 지출이 더 많은 시기인데도 전혀 안중에 없다. 삶이 이렇게 힘들어도 중년의 친구들은 자기 문제에 허덕이느라 젊었을 때처럼 밤새 같이 술을 마시며 등을 두드려주지 못한다. 심지어 어느 날 갑자기 생을 달리하기도 한다. 친한 친구가 갑자기 죽어 심하게 우울해했던 지인이 꽤 있다. 청년은 방문을 잠그고 침잠하면서 자신이 우울하다는 것을 온몸으로 표현하지만, 중년은 잠글 문이 어디 있으며 침잠할 시간은 또 어디 있던가.

왕복 8차선 도로의 사거리 한복판에 갇혀본 경험이 있으신가? 15년 전에 자동차 조수석에 앉은 채로 그런 일이 일어났다. 신호등 신호가 바뀔 때 정지 타이밍을 놓치고 사거리를 건너다가 사방에서 달려드는 차들 속에 갇힌 옆자리 운전자는 거의 패닉 상태였고 나도 정말 무서웠다. 중년기 우울증이 그렇다. 8차선 도로 한복판에 갇힌 느낌이다. 분노, 허탈감, 무기력감, 후회, 수치심이 막 올라온다. 어디서부터 출구를 찾을지 난감하다. 잠시 숨이라도 고르고 싶어서 아이에게 소홀하면 즉시 일탈 조짐이 보이고, 부모에게 소홀하면 즉시 전화통에 불이 난다. 회사를 소홀히 했다가는 모든 걸 잃을 것 같기에 그저 죽을 힘을 다해 버틴다. 그렇게 마음이 삭아간다.

마음의 대소동을 몰고 오는
불청객들

중년기 우울증의 원인은 한두 가지로 규명할 수 없다. 마흔쯤 살았으면 삶의 이력이 한 보따리씩이라 원인도 천차만별이다. 그럼에도 대소동을 일으키는 악명 높은 불청객들은 꼽아볼 수 있다.

호르몬 난동

첫 번째 불청객은 호르몬 난동이다. 정확하게 말하면 '호르몬 감소'인데 감소하는 호르몬들이 벌이는 짓이 기가 차는 난동 수준이다. 어떤 난동인지 다들 알고 있을 것이다. 여성은 폐경이 되면서 에스트로겐과 프로게스테론의 분비가 감소하면 가히 자율신경계 교란이라고 말할 정도의 다양한 증상이 나타난다. 불면증이 오고, 땀이 비 오듯 흐르고, 심장병이 의심될 정도로 심장이 벌렁거리기도 하며 안면홍조, 안구건조증, 관절통, 두통 등도 흔하다. 남성 또한 테스토스테론의 분비가 감소하면서 성기능 저하를 비롯한 다양한 기능 저하가 발생한다. 김도희, 유혜미, 임지인이 쓴 『요즘 언니들의 갱년기』[3]에 "지랄맞다"라는 표현이 있는데 참 맞다 싶다. 심한 증상을 겪는 주변 사람들의 이야기를 듣고 겁이 나서 '갱년기인가 증후군'이 왔다는 말이 있을 정도로, 이 작디작은 호르몬에 삶이 얼마나 피폐해지는지 모른다.

갱년기는 어느 시대나 힘들었겠지만, 100세 시대가 되었어도 평균 폐경 시기가 50세 전후로 똑같다는 게 문제다. 지금 40~50대 사람들은 아픈 시기가 더 길어지고 운이 나쁘면 50세 이후 죽을 때까지 계속 골골거리며 살 수도 있다. 내 속에 있던 것들이 스스로 감소해서 생기는 증상이라니 누구 탓도 할 수 없어 더 열불이 난다.

호르몬 감소가 모든 원인은 아니겠지만 중년기의 생리적 교란으로 발생하는 신체질환은 그 무게감이 이전과 완연히 다르다. 노년기를 코앞에 두고 있다 보니 암암리에 죽음의 두려움까지 촉발돼서다. 부모라면 만에 하나 자신이 잘못됐을 때 아이 혼자 커야 하는 두려움까지 더해져 손에 일이 잡히지 않는다. 인생 3분기를 벗어난 지금 돌아보면, 죽음에 대한 두려움이 얼마나 현실성 없었는지 웃음이 나온다. 하지만 그 당시는 자못 진지하다. 친구나 친척의 죽음 소식을 심심찮게 듣게 된다든지 부모의 노쇠를 바로 옆에서 목격하면서 죽음의 문제가 한층 가깝게 와닿기 때문이다.

내 경우에는 질병 트라우마까지 '재경험'되었던 것으로 보인다. 나는 생후 1년간 죽을 정도로 아팠다고 한다. 별 방법을 다 써봐도 원인이 밝혀지지 않으니 적절한 치료를 받지 못해 음식을 제대로 못 넘겼고, 얼굴은 누렇게 뜨고 젓가락같이 말라가 동네 사람들은 모두 내가 죽었다고 생각했으며 부모님도 포기하는 마음이었다고 한다. 그렇게 1여 년이 지난 후 깊은 산속의 용한 한의사가 준 환약을 먹고 소생했다는 기적 같은 일화를 부모님은 간간이 꺼내셨다. 당신들이 얼마나 힘들었는지 말할 때는 '정말 그러셨겠구나' 하면서 죄송한 마음만 있었는데, 훗날 내가 엄마가 되어 자식을 안았을 때는 살면서 한 번도 생각해보지 않았던 감정이 자각됐다.

아이가 포동포동 사랑스러울수록, 반짝거리는 눈으로 발차

당신은 언제나 괜찮다

기하며 소리 내 웃을수록 '과거의 불쌍한 내'가 오버랩되면서 '그때 부모님이 힘든 것 못지않게 아기도 엄청 괴로웠겠구나' '아기도 죽음으로써 고통을 끝내고 싶지 않았을까?' 하는 생각이 들었고, 말은 못 해도 자신에게 닥친 고통과 비운을 온몸으로 알았을 '그 아기'의 괴로움이 고스란히 느껴졌다. 크면서 심한 식중독에 걸렸을 때라든지 중이염 수술로 입원했을 때같이 신체적 쇠약함에 놓이면 필요 이상 늘 심하게 울었던 이유도 이런 외상적 재경험 때문이었으리라.

첫 임신 중 유산을 하게 되어 심한 무력감에 빠져 있었을 때 나보다 1년 먼저 유산했던 친구가 "나도 하루 정도는 엄청 슬프긴 했지만, 일주일 넘게 우는 건 좀 아니지 않아?" 하면서 야단치듯 달랜 적이 있다. 하지만 트라우마라는 게 원래 객관적 상황과 무관하게 올라오는 것 아니던가. 아무리 '자기 연민에 빠지지 말자'라고 되뇌어도 소용없었다. 나중에 첫 아이를 무사히 출산한 후에도 한 달 내내 눈물이 났다. 분명히 기쁜 일이었는데도 말이다.

내 경우와 똑같지는 않겠지만, 누구라도 몸이 아프면 외상적 취약성이 촉발된다. 몸이 아파 삶의 중요한 기회를 놓쳤다든지 등의 과거의 부정적 경험이 재생되기 때문이다. 하물며 지금이 인생에서 가장 책임질 것이 많은 시기이다 보니, 일을 놓기도 쉬기도 어려워 취약성의 칼에 무방비로 계속 베이기만 한다. 마치 포탄이 빗발치는 전쟁터에서 목숨을 부지하고 있다는 이유로 팔다리 하나 다친 것 정도는 그냥 버텨내야 하는 상황 같다고나 할까.

외부 스트레스의 압박

중년기에 겪는 외부 스트레스는 같은 소인이라도 강도가 무척 세다. 먼저 살펴볼 직장 스트레스만 하더라도, 이때는 과도한 업무나 대인 갈등 수준을 훌쩍 뛰어넘어 평생에 걸친 헌신이 단박에 뒤통수를 맞기도 한다. 본부장의 위치에 오를 정도로 자타의 인정을 받는 능력자임에도 회사의 실책을 뒤집어쓰고 변두리로 발령난다든지, 이해 불가한 이유로 승진에서 탈락한다. 그야말로 자신의 존재감이 흔들리는, 아니 와해되는 수준의 스트레스다.

『바닷가 작업실에서는 전혀 다른 시간이 흐른다』[4]를 쓴 김정운 소장은 사내들의 상호작용은 명함을 내놓는 것부터 시작되고 명함이 있어야 한국식 상호작용의 원칙이 비로소 작동하기 시작한다면서, 한때 잘나갔던 친구들이 한순간에 명청해지는 것은 명함이 사라졌기 때문이라는 말을 한다. 잘나가는 회사의 로고가 박힌 명함을 더 이상 사용할 수 없다든지 명함에 적혀 있던 직함이 하향 변경된다면 팔이 하나 찢겨나가는 것만큼의 심적 고통을 겪을 수 있다. 한 남성 내담자는 혼자만 유령이 된 것 같은 고통이라고도 했다.

인간이 받는 스트레스의 9할을 차지한다는 관계 스트레스 또한 중년기에는 압박의 차원이 다르다. 젊었을 때는 '세상으로부터 좋은 평가를 받고 싶다'의 문제로, 노인이 되면 '세상이 나를 없는 존재로 취급한다'의 문제로 괴롭다면, 중년기는 '세상이 나에게만 책임을 지운다'라는 문제로 버겁다. 이제는 혼자서만 잘해서는 소용없고 '다 같이' 잘하도록 이끌지 않으면 능력 부족으로 낙인 찍힌다. 윗사람의 부실을 덮어쓰는 건 다반사이고 아랫사람의 실책을 대신하여 '책임지고' 물러나기도 한다. 소위 '샌드위치 세대'로 위아래 세대 양쪽이 원하는 것들을 최대한 제공해야 할 뿐 아니라, 윗세대는 여전히 공경해야 하고 아랫세대는 달래야 하며 조금이라도 미흡하면 양쪽의 원망을 다 듣는다. 한마디로, 관계 스트레스의 폭과 깊이가 가히 대양 수준이다. 20~30대에도 늘 힘들다고 생각하며 살았지만, 마흔을 넘어 돌아보면 그때의 관계 스트레스는 수영장에서 버둥대는 수준에 언제나 구명튜브도 던져졌던 것 같다. 하지만 중년기에는 어느 날 정신 차려보니 바다에 내던져져 있고 구명줄은 보이지 않으며 '알아서 살아 오든지, 못 그러면 말고' 하며 홀대받는 느낌이다. 이런 힘듦은 직장에서뿐 아니라 가정에서도 똑같다. 어깨가 네 개인 괴물 정도나 되어야 버틸 수 있는 무게감이 364일 짓누른다. 빠진 1일은 하계 휴가 첫날이다.

감정적 격랑

호르몬 교란, 외부 스트레스의 압박 등으로 중년기에는 감정도 폭주한다. 폭주하는 감정 중 우선 두드러지는 것은 탈진감이다. 심신이 지친 상태임을 뜻하는 번아웃과 같은 개념이다. 청년들이 자신이 번아웃 상태라고 말하면 주변에서 "네가 뭘 했다고 번아웃이야?"라면서 엄살 피우지 말라는 말을 듣기도 한다는데, 중년기의 번아웃은 누구도 반박이 불가할 것이다.

요즘 유명 방송인들이 자신의 심리 문제를 공개하는 경우가 많은데 공황장애에 이어 가장 많이 언급되는 것이 탈진감이다. 그들의 사례에서도 알 수 있듯이 정상의 자리에 있을수록 더 많이 탈진감을 겪는다. 중년기는 생애 정상의 위치이므로 탈진감을 겪을 수밖에 없다. 중년기 증후군을 번아웃 증후

군으로 바꿔보면 구구절절 들어맞는다.

중년기에 특히 많이 겪는 유난히 강도가 센 감정이 있는데 배신감이다. 세상에 속한 모든 것이 나를 배신하면서 마치 따귀를 때리는 듯한 기분이다. 직장은 그간의 노고를 단 한 번도 칭찬하는 법 없이 계속 더 잘하기만을 요구해왔으면서도 끝내 우리의 성심성의를 '배신'한다. 앞에서 다루었던 건강 문제도 어떻게 보면 내 몸이 나를 '배신'하는 셈이다. 그동안 잘 기능해 왔던 호르몬들이 난데없이 태업하니 말이다. 사랑하는 사람의 죽음이나 끔찍한 사고, 파산, 화재, 홍수, 지진, 전염병, 사기, 배우자의 외도 등 극한의 대처를 요구하는 '큰 배신'들도 우리를 기다리고 있지만, 일상에서 벌어지는 '작은 배신' 또한 모이고 모여 낙숫물에 바위가 뚫리는 듯한 고강도의 충격파를 날린다. 사랑의 '배신'으로 부부간에 대화가 끊기고 서먹한 감정을 느끼며, 애정과 관심을 기울였던 후배나 우정을 쌓아왔던 친구의 '배신'을 겪기도 하고, 그간 쏟아부었던 부모의 사랑 따윈 안중에도 없다는 듯 행동하는 자식에게서 '배신'감을 느끼기도 한다.

중학교 때 공부에 지친 친구들과 속담을 트집 잡으며 스트레스를 푼 적이 있다. 이를테면 "호랑이에게 물려 가도 정신만 바짝 차리면 된다"라는 속담이 나오면 "그게 말이 돼? 어느 멍

청한 호랑이가 인간이 정신을 차렸다고 안 잡아먹냐?"며 유치
찬란한 '멍청이' 만담을 쏟아냈다. 한참 그러던 중 "종로에서 뺨
맞고 한강에서 화풀이한다" 속담이 나오자 일제히 낄낄댔다.
"아니, 갑자기 왜 뺨을 맞아? 바보 멍청이야?" 그렇게 자만하며
비웃음을 날렸던 건 그 나이대에서는 도통 이해가 가지 않는
상황이었기 때문이다. 하지만 그로부터 30~40년쯤 더 살아보
니 알게 되었다. 그냥 열심히 살고만 있었는데 갑자기 뺨을 맞
는다는 게 마흔 넘어서는 현실이 되기도 한다는 것을. 바보 멍
청이만 그런 일을 당하는 게 아니라는 것을.

　중년기에 배신감을 느낀 후의 감정 흐름은 젊었을 때와 다
르다. 20대에 누군가로부터 배신을 당하고 따귀를 맞는다면
일반적으로 어떤 감정을 느낄 것 같은가? 분노하고 지구 끝까
지 따라가서라도 받은 만큼, 아니 받은 것 이상으로 되돌려주
겠다는 복수심에 활활 탈 것이다. 하지만 중년기에는 수치심으
로 먼저 흐른다. '내가 못났다'라는 감정이다. 정확하게 말하면,
다른 사람이 나를 홀대하고 사기 쳐도 될 만큼 하찮게 봤다는
그 감정이 이입되면서 모욕감과 굴욕감으로 뻗친다. 당연히 분
노도 느끼지만, '어쩌다 내가 그런 사람을 믿고 충성을 다했는
지' '어떻게 내가 그렇게 미련했는지' 하는 후회감과, '이런 곳
인 줄 모르고 뽑아만 주시면 목숨을 바치겠다 했고' '이런 사

람인 줄 모르고 내 발로 결혼식장에 들어갔고' '이런 뒤통수를 칠 줄 모르고 선심 쓰듯이 큰돈을 빌려줬다'는 자괴감이 온몸에 발진처럼 돋아서 그저 속수무책이다. 2023년에 넷플릭스에서 방영했던 드라마 〈더 글로리〉의 주인공 '동은'이 40대였다면 복수는 물거품이 되었을 것이다.

마흔 너머 살아오면서 자신의 의지와 상관없이 몸에 새겨진 '삶의 지혜'랄까 처세가 하필 이럴 때 에너지를 빼가는 건 참 아이러니하다. '돈 갖고 튄 그 작자를 찾는들 돈을 다시 찾겠는가' '마음이 이미 멀어진 그 사람과 다시 알콩달콩하게 살 수 있겠는가' '회사 상사에게 바른말을 한다고 정의가 벼락처럼 오고 나더러 회사에 오래 있어 달라겠는가' 하는 생각이 들며 갑자기 세상만사가 시들해진다. 우울감에 따라오는 무망감 때문이다. 기어이 복수에 성공했다고 쳐도 내 복수를 '받은' 그 자가 "덕분에 정신을 차렸습니다"라고 반성할 리도 없으며 오히려 또 다른 복수를 행하러 내 주변을 맴돌 것임이 전광석화처럼 자각되면서 냉소적이 되기도 한다.

그나마 한 가지 다행인 점은 현실적 사고를 조금이라도 빠르게 하게 되는 거라고 할까. 소용돌이에 빠졌다면 최대한 서둘러 빠져나와야지, 무장을 하고 칼을 휘두르며 소용돌이에 맞설 수는 없다는 것을 인정할 수밖에 없게 된다.

그렇게 '세계대전'은 피했지만, 밖으로 나가야 할 화살들이
방향을 바꿔 내게로 꽂히니 우울하지 않을 도리가 없다. 누구
는 화병으로 또 누구는 음주로 우울을 표출해보기도 하지만,
사막밭으로 변한 마음이 조속히 해갈될 리 만무하다.

내 부 로 부 터 의 위 기

타자와의 관계에서 발생하는 스트레스나 부정적 감정과 달리
내부에서부터 올라오는 위기가 있다. 좀 전에 언급했던 수치심
과 관련한 심리 상태이기도 하다.

지그문트 프로이트는 논문 〈애도와 멜랑콜리아 Mourning and
Melancholia〉(1917)에서 애도와 멜랑콜리아(우울증) 사이의 차
이점을 기술한 바 있다.

애도에서는 세상이 가난하고 텅 빈 것이지만
멜랑콜리아에서는 자아 자체가 그렇다.

프로이트가 말한 '가난하고 텅 빈 자아'는 중년기 우울증의
특성과도 참 잘 들어맞는다. 자신이 믿어온 것, 사랑해온 것,
가치 있다고 여긴 것들의 의미가 감소하거나 심지어 사라짐으

당신은 언제나 괜찮다

로써 '자아'라는 건축물이 크게 흔들린다. 그러면서 멋있게 보이려고 공들였던 그 건축물이 알고 보니 허접하고 비어 있다는 것을 알아차리게 되면, 수치심이 유발되어 맨정신으로는 그동안 살았던 것처럼 살기가 힘들다.

이 '내부에서 올라오는 위기감'이 중년기에 자각되는 건 왜일까. 촉발 사건의 강도가 매우 세고 대처자원이 한계에 달했기 때문이다. 중년기 우울증의 원인으로 지목했던 스트레스를 다시 생각해보자. 중년기의 직장 스트레스는 자존심을 박살내고 건강 스트레스는 죽음의 공포와 맞닿아 있다. '박살 난 자존심'은 우리의 생명력을 '끝'내고 죽음은 그 자체로 '끝'이라 회생하기 힘든 심리 상태가 된다.

중년기의 관계 스트레스로 야기되는 탈진감과 배신감 또한 '끝장' 감정이다. 열등감, 질투심, 취약성, 무력감 등은 얼마든지 재정비해볼 수 있다. 하지만 탈진과 배신은 파경破鏡적 감정이라 다시 붙일 수 없다. 깨진 거울을 다시 붙일 수 없듯이.

이렇듯 중년기의 외부 스트레스는 한결같이 우리 인생의 '끝' 지점을 바라보게 만든다. 그동안에는 부인하거나 억압해왔던 '끝'이지만, 일단 자각되면 절대로 자각 이전으로 돌아갈 수 없다.

대처자원이 한계에 달했다고 해서 업무 능력 등의 인지적 대처가 크게 하락하는 건 아니다. 나나 지인들이 퇴사를 결심했을 때 회사로부터 부정적 평가를 받은 사람은 없었고 퇴사 의사를 밝혔을 때 모두 의아해했다.

한계에 부딪혔다는 건 마음이 그렇다는 것이다. 무엇을 위해 열심히 달려왔는지 목적의식이 희미해지면서 계속 달려야겠다는 의욕과 동기, 희망이 손가락 사이로 빠져나가는 느낌이 든다. 이미 너무도 치열하게 살면서 현재의 자리까지 올라왔기에 더 이상 그렇게 살 여력이 없다는 걸 몸이 먼저 알아차린다.

물론 모든 사람이 이렇지는 않다. 성실성이 높고 완벽주의적 성향이 있을수록, 그 때문에 직장에서 더 최선을 다하고 애정을 기울였던 사람일수록 번아웃이 심하게 오고 결국 방전된다. 남은 것은 그저 '가난하고 텅 빈 자아', 혹은 '어그러진 자아'다.

불청객 정리하기

마흔 너머,
내 마음에 들이닥친 불청객은 무엇이었는가?
몸과 마음에 나타난 변화들을
한번 정리하고 넘어가자.

1.

2.

3.

4.

5.

2부

소동 진화:
컴포트 존에서 버티기

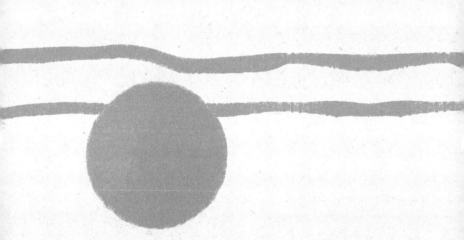

이제 조금은 편한 주제로 옮겨
중년기 소동을 진화할 방법을 찾아보자.
소동 진화의 큰 방향은 '컴포트 존 찾기'와 '버티기'다.
'컴포트 존'이란 마음 편히 있을 수 있는 공간이라는 뜻으로
소동의 와중에도 잠시 머물러 힘을 얻을 수 있는
물리적, 심리적 공간을 말한다.

'버티기'는 말 그대로 지금 상황에서
곧바로 변화를 꾀하기보다 그대로 버텨보는 것을 말한다.
현재의 스트레스가 심하긴 하지만
상황을 바꾸려 할 때 맞닥뜨리는 스트레스도 만만치가 않다.
버틸 때 오히려 소동을 빨리 진화할 수 있다.
버티기는 인생 3분기를 헤쳐나가는 데 우선해봐야 할 일이다.

소동
진화

ㅇ

중년기 소동을 진화하는 방법은 2부와 3부에서 본격적으로 다룰 이 책의 핵심 내용이지만 이쯤에서 숨을 한 번 고르고 가는 것도 좋겠다.

소동의 반대말은 무엇일까. 헛소동이다. 아무 까닭이나 실속 없이 난 소동을 일컫는 말이다. 소동이 안 일어났으면 제일 좋았겠지만, 기왕 일어났다면 헛소동으로 끝나지 않도록 해야겠다. 일어날 만해서 일어났을 테니 그 속에 숨어 있는 의미를 찾아보자. 폭주하는 감정들을 징검다리 삼아 건너다 보면 돌 사이로 맑은 물도 보일 것이며, 그 물속에 당신의 텅 빈 자아를 다시 채울 소중한 것들이 숨겨져 있다. 떠밀려 여기까지 오긴 했지만 이렇게 된 거, 보물찾기 놀이하듯 찾아보자.

첫 번째로 할 일은 지금 처한 상황을 진단 내리는 것이다. 진단이 있어야 당신의 상태가 이해되고 또 사람들에게도 알릴 수 있다. "내가 땀이 비 오듯 나고 자다가도 화가 나서 벌떡 일어나게 되고 식욕이 없고 죽고 싶고……" 이런 식으로 말하면 당신의 하소연에 지쳐 사람들이 서서히 멀어질 것이다. "나 화병이야"라고 하면 더 멀리 도망갈 것이다. 차라리 "나 우울증이 온 것 같아" 이렇게 깔끔하게 선언하는 게 낫다. 그런다고 사람들이 금방 당신 편을 들어주진 않겠지만, 놀라서든 상황이 급격하게 나빠지는 것을 바라지 않아서든 적어도 당분간은 힘든 일을 덥석 맡기진 않을 것이며, 그동안 당신은 호흡을 좀 가다듬을 수 있을 것이다. 진단, 즉 어떤 상태인지 판단이 내려지면 나아질 거란 희망도 가져볼 수 있고 회복을 도모하기도 쉽다.

진단을 내려보라 해서 당신을 대번에 '환자'로 규정짓고 섣불리 약을 먹으라는 건 아니다. 예외는 있겠지만 대부분은 상당히 힘들더라도 반드시 약을 먹을 정도는 아닐 것이다. 당신은 힘든 것이지 미친 것도 아니고 이상한 것도 아니다. 무엇보다도 일단 약 먹는 사이클로 들어가면, 일부 증상이 조금 완화됐을 뿐인데 나았다고 단정함으로써 약을 먹게 될 정도로 힘들어진 원인을 찾아보지 않게 된다. 그러다 보면 근본적인 변화를 꾀할 기회를 놓쳐 평생 약에만 의존하는 무력한 삶을 살게 될 수도 있다. 약보다 중요한 것은 살아가는 방식을 바꾸는 것이다. 지금까지의 방식으로는 행복할 수 없다는 것을 알게 되었으니까.

두 번째로 할 일은 왜 이런 소동이 벌어졌는지 생각해보는 것이다. 중년기의 마음 소동은 당신 자신에게 집중하는 시간을 더 많이 갖고 털 수 있는 것을 최대한 털어 남은 인생을 대비하라는 알람이다. 예전에 광부들은 탄광에 들어갈 때 카나리아를 데리고 갔다고 한다. 카나리아는 가스에 매우 민감해서 공기 중의 가스를 감지하면 노래를 멈추거나 쓰러지게 되는데 그때 광부들이 즉시 지상으로 대피했다는 것이다.

중년기 소동은 내 삶의 '카나리아'다. 무언가 위험이 임박했음을 알리는 것이다. 위험을 알리는 방식이 너무 위험스러운 게 유감이지만, 그렇게라도 하지 않으면 주인님(당신)이 대피할 생각 없이 계속 갱도에 머물 것이므로 극약 처방을 내리는 것이다. 그러니 어느 날 몸이 예전 같지 않고 분노가 치솟으며 소리 내어 울고 싶다면, '중년의 위기인가?' 의심하며 미적대지 말고 '그 유명한 중년의 위기가 드디어 오셨구먼! 나는 잘 넘어갈 줄 알았는데 기어코 왔네! 자, 어쩐다?' 이렇게 호기롭게 맞서며 갱도에서 탈출할 준비를 하자.

마지막으로, 어쨌거나 정신을 바짝 차리자. 서두에서 말했듯 '예기치 않은' 힘듦이어서 그렇지 세부적 스트레스와 감정은 사실 다 경험해본 것들이다. 소위 '내가 아는 그 맛'인 것이다. 그 맛이 한꺼번에 쏟아져 소화가 안 될 뿐이지 하나씩 정리해나가면 길이 보인다. 일단은 '결연한 눈빛'을 갖추자.

크리스마스에 벌어지는 연인들의 이야기를 다룬 영화 〈러브 액츄얼리〉에는 인상에 남는 명장면이 셀 수 없이 많지만, 캐런으로 분한 엠마 톰슨의 이야기는 중년기 사람들에게 특히 많은 상념을 불러일으킬 것이다. 엠마 톰슨은 출장을 다녀온 남편의 겉옷을 받아 걸다가 주머니에서 고가의 목걸이를 발견하고는, 자신에게 주는 크리스마스 선물일 거라고 지레짐작해 '입틀막' 하며 기뻐한다. 하지만 막상 남편이 내민 선물은 그녀가 좋아하는 가수의 CD 한 장이었다. 방에 들어온 그녀는 배신감에 오열하지만, 아이들의 학예회에 가야 했기에 애써 눈물을 닦고 아무 일도 없었던 것처럼 평소처럼 아이들을 살뜰히 살피며 인도한다. 그리고 학예회가 끝나자마자 그 자리에서

47

남편에게 이혼 결심을 밝힌다.

나는 이 장면을 보면서 중년기 우울증의 현실판이라는 생각이 들었다. 울 수밖에 없는 상황이지만 추스르고 또 살아내는. 물론 영화는 남편이 대오각성 후 본래의 자리로 돌아오는 엔딩이지만, 그런 결과가 아니었어도 아내의 표정은 똑같았을 것이다. 비애와 단정함과 결연함이 공존한 표정. 남편이 애인과의 사이를 정리하고 돌아온들 아내의 마음이 크리스마스 이전과 같을까? 절대 이전으로 돌아갈 수는 없다. 이게 중년기의 비애다. 예전과 똑같은 행복과 즐거움을 누릴 수는 없다는 것.

하지만 새로운 행복과 즐거움은 누릴 수 있다. 봄꽃같이 생동하는 즐거움은 아니지만 봄꽃만 꽃인가, 이제부터는 가을꽃으로 단장한 제2의 화양연화가 시작된다. 나이 듦에 따른 반동형성인지, 요즘은 선홍색 봄 진달래보다 희거나 연노랑의 가을 국화가 더 아름답게 느껴진다. 장석주 시인의 시 「대추 한 알」[5]을 읽은 이후로 붉은색만 보면 "저게 저절로 붉어질 리는 없다"라는 시구가 떠오르는 부작용(?)이 생겼는데, 봄 진달래를 볼 때도 그렇다. 우리는 봄 진달래가 저리 붉게 될 때까지 "태풍 몇 개, 천둥 몇 개, 무서리 내리는 몇 밤"의 노력이 있었음을 잘 안다. 그 노력이 너무 처절했기에 한 번 더 맞이할 엄두도 나지 않는다. 그래도 괜찮다. 이제부터는 색은 좀 미진할진 몰라도 소담하게 절로 익어가는 국화로 살면 된다. 아무리 힘들었어도 결연한 눈빛을 잃지 않는 한 꽃은 여전히 피어난다는 것을 알게 될 것이다. 그러다 보면 다시 충만해진 모습으로 거울 앞에 선 자신과 재회할 수 있을 것이다.

『인생은 사십부터』[6]의 저자 월터 B. 피트킨은 40세 이전에는 우리 모두 미미한 존재라고 했다. 미미하니 대소동이 벌어진 것도 당연한 일이었다. 그동안 쌓인 기반이 약했는데도, 이만큼 살았으면 잘 대처할 거라는 과한 기대를 했기 때문에 소동이 더 고통스럽게 다가왔는지도 모른다. 100세를 넘기신 노철학자 김형석 교수님은 한술 더 떠 『백년을 살아보니』[7]에서 60세가 되기 전까지는 모든 면에서 미숙했고 행복이 무엇인지 몰랐다고 고백하셨다.

이제 우리가 미미했고 미숙했음을 인정하자. 그다음, 우리 앞에 새롭게 놓인 '성숙'이라는 숙제를 또 잘해보자. 가을꽃을 다시 피워내는 것 또한 절대 만만한 일은 아니다. 그래도 붉은 진달래를 피워내봤으니 겁낼 것 없다. 게다가 진달래를 같이 피워냈던 그때 그 사람들과 달리, 가을꽃을 같이 피워낼 지금 이 사람들은 더 너그럽고 열려 있다. 동병상련 때문일까. 그러니 또 같이 힘을 내어 해볼 만하다.

인생 3분기에
숨어 있는 선물

인생 3분기에는 사실 엄청난 선물이 숨겨져 있다. 바로 '시간'이다. 세상 모든 것이 나를 배신하고 있는 듯이 느껴지더라도 시간은 아직 '내' 편이다.

그런데 왠지 벌써 당신의 낙담하는 소리가 들리는 것 같다. "뭐, 시간이 약이다, 그런 말입니까?" 같은 비아냥 또는 한탄도 들리는 것 같다. 물론 "시간이 약이다"도 책에서 일부 다룰 내용이긴 하다. 하지만 그 말은 본인은 아무것도 하지 않은 채 시간이 지나면서 저절로 일이 해결되는 경우를 일컫지만, 여기서 말하는 선물은 그보다는 능동적으로 대처해야 받을 수 있는 것으로 시간의 질이나 농도가 확연히 다르다.

당신이 낙담하면 안 되는 더 중요한 이유가 있다. 만약 이 책의 반응이 좋다면 '육십에서 팔십 사이'를 다룬 책이 나올지도 모르겠는데, 예순에서 여든 사이의 독자들께는 절대로 시간이 당신 편이라는 말을 할 수 없다. 아무리 수명이 늘었다 해도 100세 장수인이 예전보다 많아진 것이지 60에서 80세 사이에 죽음의 기운이 엄습할 수 있다는 것은 변함없다. 그럼에도 그 나이대 독자에게 시간이 당신 편이라고 주장하는 작가가 있다면 허세가 그득한 사람일 것이다. 인생 3분기를 벗어나면서 확실하게 버리기로 다짐한 것 중 하나가 '허세'다. 허세 부리지 않고 아주 현실적인 토대에서 큰 확신으로 다시 한번 말씀드린다.

"아직 시간은 당신 편입니다."

시 간 은 아 직 내 편 이 다

시간이 내 편이라는 것은 운명이 나를 포기하지 않았다는 뜻이다. 신이 아직 내가 살아야 한다고 보고, 또 그렇게 되도록 도와준다는 뜻이다.

1부에서 언급했던 조너선 라우시의 『인생은 왜 50부터 반

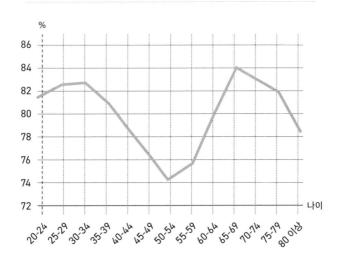

연령대별 인생 만족도(영국, 2014)

출처: 영국통계청

등하는가』에는 브루킹스연구소가 16~70세의 영국인 100만 명을 대상으로 조사한 나이대별 인생 만족도 연구가 나온다. 만족도가 30대 초반까지 높은 수준을 유지하다가 점차 떨어져 40대 중반에서 50대 후반까지 최저치를 보이다가 이후 다시 상승하고, 반대로 우울증 발병 확률은 40대 중반에 최고치를 보이는 역 U자 곡선을 보인다는 내용이다. 만족지수는 최저치이고 우울증과 스트레스지수는 최고조에 이르는 연령대가 바로 인생 3분기 시점이라는 것을 증명하는 이 연구는,

50만 명을 대상으로 한 미국과 유럽의 연구를 포함하여 세계 72개국에서 재확인되었다.

'U자 행복 곡선', 혹은 'U자 만족도 곡선'을 처음 발견한 영국의 경제학 교수인 앤드루 오즈월드는 1996년부터 다양한 인종과 나이, 국적의 사람들에게 얼마나 행복한지 물어본 결과, 인생에서 중년에 느끼는 행복감이 가장 저조하다는 사실을 알게 되었다고 한다. 그는 마치 모든 사람이 동종의 감염병에 걸린 것처럼 보이며 내면 깊숙한 곳에 무언가 원인이 있는 것 같다는 말도 했다고 한다. 흥미로운 점은 500마리가 넘는 침팬지와 오랑우탄을 대상으로 한 유인원 연구에서도 '중년기'에 우울감을 보인다는 사실이 밝혀졌다는 것이다.

이렇게 보면 U자 행복 곡선이 특정 시대의 인간이 겪는 사회현상 이전에 진화적 함축성을 가진 자연현상일 수도 있다. 조너선 라우시도 중년기에 자신의 힘으로는 거스를 수 없는 강력한 힘 아래 놓인 것 같았다면서, 이 시기에 만족감이 떨어지는 것이 인간이란 종의 이익에 오히려 부합하는 것일 수 있다고 말했다. 그러면서 "어떤 이유로든 진화 과정에서 중년에 불만을 느끼는 경향이 우리 안에 깔렸다면, 그 이유를 유인원들이 모르는 것처럼 나라고 꼭 다 알아야 할 필요는 없었다"라고 덧붙였다. 정리하면, 중년기에 만족감이 떨어지는 이유를 밝히는 게 힘들기도 하지만 자연적 경향으로 받아들여야 한다는 내용이다. 침팬지도 보이는 동물계의 자연적인 현상이라면, 우리가 중년에 우울해지는 게 우리 의지와 상관없이 일어나는 부분이 크다고 봐야 한다. 즉 뭘 잘못 살아와서가 아니라 전 세계 사람들이 공통으로 겪는 진통이라는 것이다. 나이 드는 게 우리 잘못이 아니듯이.

또한 생리적으로 예기치 않은 심각한 문제가 생겨 호르몬 이상이 나타나는 것이 아니라, 40세 이후에 그리되도록 미리 설정되었다고 설명해볼 수도 있다. 혹은 중년기에 우울해지는 프로그램이 인체에 먼저 내장되어 있고, 그 프로그램을 '가동'하기 위해 호르몬들이 감소하는지도 모른다. 이런 시각에서 보면 호르몬은 그저 '정상' 기능을 할 뿐이다. 잘못이 있다면 인간이 40세 넘어 침체기가 온다는 카산드라(그리스 로마 신화에 나오는 예언자)의 예언을 흘려들은 것이다. 아니면 모종의 이유로 그런 예언이 봉인되었거나. 하긴 카산드라는 본인이 아무리 미래를 정확하게 예측해도 아무도 믿어주지 않는 저주에 걸렸다 하니, 그런 저주를 건 아폴로에게 따져야 하려나.

U자 행복 곡선에서 가장 먼저 알아야 할 점은, 중년기에 바닥으로 내려간다는 사실이다. 하지만 더 중요한 점은 곡선이 다시 상승한다는 것이다. 조너선 라우시와 앤드루 오즈월드

도 이 점을 재차 강조했다. 오즈월드는 이런 곡선의 형태가 중년의 위기를 의미할 수도 있지만 "회복 가능하다는 사실"이 더 중요하다고 했고, 라우시 또한 "시간의 영향을 이해하고 적응함으로써 더 행복해질 수 있다"라고 했다.

요약해보자. 삶의 만족도가 중년기에 바닥을 치기는 한다. 하지만 거기가 끝이 아니다. 조금만 기다리면 다시 상승한다. 반드시. 전 세계에서 확인된 양상이다. 문제는 시간일 뿐이다. 아직 내 편인 시간의 힘을 믿고 상승선을 빨리 탈 수 있는 방법을 찾으면 된다.

내 행복 곡선의 위치는 어디인가

U자 행복 곡선은 나라마다 세부적으로는 조금씩 차이가 있어서, 최저점에 이르는 나이나 반등하는 나이가 더 빠른 나라도 있고 늦은 나라도 있다. 대체로 선진국에서 빨리 반등하는 패턴이 관찰된다. 우리나라는 OECD 기준 선진국임에도, 일정 나이가 되어도 반등하지 않고 나이를 먹을수록 더 불행해져 심지어 'ㄱ 자' 형태를 보인다는 난감한 보고도 있었다.[8]

하지만 이 연구들은 모두 2014년 이전에 실시된 것이었고, '서울대학교 행복연구센터'에서 실시한 2018년 이후의 조사에서는 다른 나라와 동일한 형태로 나타났다. 다만 이 기관에서 발행한 『대한민국 행복지도 2023』을 보면, 스트레스지수는 다른 나라와 마찬가지로 40대에 최고치를 보이지만, 만족지수(이 조사에서는 안녕지수라는 용어를 씀)는 40대뿐 아니라 30대와 20대도 엇비슷하게 최저치를 형성하고 있으며 심지어 0.1~0.2점이라도 20~30대가 더 낮게 나온다.[9] 마음이 무거워지는 이런 결과가 조사 실시 연도에 국한된 것인지 검토가 필요하긴 하다. 이 기관에서 사용한 척도인, 앱을 이용한 '안녕지수 테스트'가 설문 항목이나 조사 방법에서 다른 나라들과 차이가 난 게 영향을 미쳤을 것으로 추측된다. 설문 대상의 표본 추출 방법도 달랐을 것으로 보인다.

하지만 원인 분석이나 결과 검토 못지않게 중요한 건 '우리나라의 행복 곡선이 어떻게 되어야 하는지'다. 조너선 라우시는 러시아에 대해 매우 부정적으로 말하는데, 「세계 행복 보고서」에서 늘 하위권에 있다는 것도 그렇지만 행복 곡선의 궤적이 다른 나라에 비해 굉장히 늦게 반등한다면서 곡선이 반등하기 전에 사람들이 사망해버린다는 농담인 듯 아닌 듯한 말을 인용하기도 했다. 우리나라가 러시아처럼 되면 안 될 일이다. 바닥을 언제 치든 최대한 빨리 반등해야 한다.

그러려면 전체 행복값을 구성하는 우리 각자가 애써야 할

2022년 연령별 안녕지수 변화

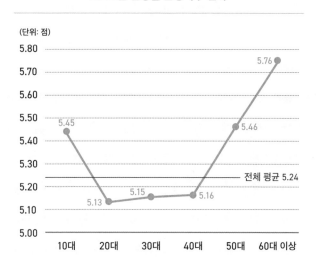

(단위: 점)

전체 평균 5.24

2022년 연령별 스트레스 변화

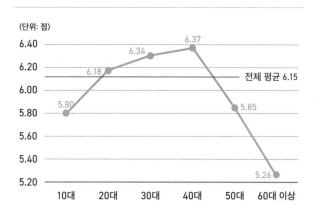

(단위: 점)

전체 평균 6.15

출처: 『대한민국 행복지도 2023』, 21세기북스, 2023

부분이 분명히 있다. 대부분 사람들의 행복지수가 반등한다면 당신도 그 궤적에 있어야 하고, 설사 전체 평균치가 그렇지 않아도 당신이라도 먼저 상승선을 타야 한다. 상승선에 먼저 오른 사람이 다른 사람을 도와 행복의 전체 평균치를 높이면 된다. "행복은 전염된다"라고 하지 않던가. 그러려면 우선 아래의 질문을 해볼 필요가 있다.

"당신은 몇 살 때 행복 곡선의 최저점을 찍었는가, 혹은 찍을 것 같은가. 그리고 언제 상승선에 다시 올라탈 것 같은가."

이 질문에 답을 해보려면 어쩔 수 없이 지금까지의 삶을 한 번 되돌아봐야 한다. 중년기 우울증이 왔을 때는 현재의 삶도 버거워 과거까지 훑어볼 여력이 없긴 하다. 또한 우울할 때는 과거까지 안 좋게 회상하는 경향이 있으므로 예전 일을 들여다보는 것 자체가 스트레스가 된다. 그럼에도 과거를 톺아봐야 앞으로 어떻게 살지 가이드라인을 잡을 수 있는 건 분명하다.

미국의 저명한 금융 저널리스트인 모건 하우절은 『불변의 법칙』[10]에서 "아이러니하게도 역사를 알면 알수록 미래에 대한 불안감은 줄어든다"라고 했다. 금융 예측을 업으로 하는 전문가임에도, 불확실한 앞날을 예측하려는 어설픈 시도를 멈추고 과거에서부터 지속되어온 변하지 않는 것들에 집중해야 미처 보지 못했던 것들이 보인다고 말하는데, 이는 중년에게 딱

당신은 언제나 괜찮다

맞는 조언이다. 과거를 돌아봐야 내 행복 곡선의 위치를 정확히 알고 상승선을 타기 위해 어떻게 해야 할지 가닥이 잡힌다.

모건 하우절의 '불변의 법칙'은 주로 경제적 측면에서 언급한 것이지만 개인의 삶에도 잘 들어맞는다. 당신이 40년 넘도록 변치 않고 가져온 가치, 아직 당신 곁에 남아 있는 사람들을 둘러보라. 왜 그것들은(그들은) 변치 않고 남아 있는가. 그것들이 당신 삶의 '불변의 법칙'의 근간이 된다.

상승선에 빨리 올라타기 위한 방법은 3부에서 본격적으로 다루겠지만, 주축은 이 '불변의 법칙'을 근간으로 삶의 방향을 재설정하는 것이라고 할 수 있다. 한때 빛나 보였지만 퇴색된 것들은 미련 갖지 말고 삭제하자. 날 잡아 파일이나 메일을 정리하려 하면 왜 보관했는지 알 수 없는 정크 파일이 수두룩하다. 파일이나 메일뿐인가. 집 안의 물건들이며 명함 목록, 연락처 목록도 그렇다.

중년기 우울증은 한 번으로 족하다. 두 번 다시 겪지 않으려면 삶에서 정크 파일에 해당하는 것들을 과감하게 버리고 가벼우면서도 단단하게 살아야 한다. '가볍고 단단하게 살면서 내 삶의 불변의 법칙 찾기.' 책을 읽으면서 이 점을 계속 염두에 두기를 바란다. 인생 3분기에 우리를 위한 선물이 숨겨져 있다면 그 선물을 즐겁게 받겠다고 마음먹고 그에 응당한 노력을 하는 사람이 수혜자가 될 것이다.

중년기의 특징을 잘 드러내는 비슷한 용어로 갱년기가 있다. 그런데 이 용어는 듣기만 해도 힘이 빠져 그다지 마음에 들지 않는다. 갱년기의 갱_更이 원래는 '고칠 경' '다시 갱'의 의미임에도 인체가 노년기로 접어드는 시기만을 지나치게 강조하는 바람에 '하락'의 이미지가 너무 세다. 똑같은 '갱'이 들어가지만 '새롭게 한다'는 의미인 '갱신기'라고 바꿔 부르면 삶의 상승을 이루는 일이 좀 더 신나게 다가오지 않을까 싶다. 사람들이 "당신 갱년기인가 봐"라고 하면 속으로 '아니, 난 지금 인생 갱신 중이야' 이렇게 받아치자. 훨씬 힘이 날 것이다.

앞에서 언급했던 월터 B. 피트킨은, 스무 살 시절 우리는 자신의 힘을 마력horse power처럼 쓰면서 바보처럼 탕진하지만, 마흔에는 생쥐의 힘mouse power만큼 아주 작은 에너지도 낭비 없이 잘 활용해서 말 100마리가 할 수 있는 일을 한다고 말했다. 중년기를 인생 갱신기로 잘 보내 말 100마리가 이끄는 힘을 얻어 행복 곡선의 위치를 위로 바짝 올리자.

다음으로 넘어가기 전에 'U자 행복 곡선' 'U자 만족도 곡선'을 '해피니스 커브'로 통일시켜 쓸 것임을 알린다.

컴포트 존
확보하기

—

○

전 세계 중년들 대부분이 U자 해피니스 커브 형태의 삶을 가진다면, 이제 신경 쓸 일은 최대한 빨리 커브의 상승선에 오르는 것이다. 하지만 그 전에 커브의 바닥에서 버텨내는 것 또한 불가피하므로, 컴포트 존을 확보하여 지친 마음을 수시로 충전할 필요가 있다.

안정화

컴포트 존 확보의 방법으로 우선 얘기할 '안정화'란 불안과 혼

61

란 등을 완화하고 현재에 집중하도록 한다는 의미다. 트라우마 전문가인 주디스 허먼이 제시한 트라우마 치료 핵심 기법의 하나지만, 삶의 회복을 도모하고자 하는 모든 상황에서 가장 먼저 필요한 과정이기도 하다.

원칙적으로 우리 몸은 스트레스로부터 자신을 보호하고 내부의 항상성을 유지하고자 하는 알로스타시스라는 생체 적응 기제를 갖고 있다. 그러니 당장은 몹시 힘들어도 몸이 알아서 적응하므로, 시간이 지나면 안정된다는 것을 믿고 불안을 내려놓도록 하자. 세트 포인트가 새로 설정되기도 하고 통증지수, 혹은 불쾌감지수가 감소하기도 한다. 다만 그렇게 되기까지 시간이 꽤 걸리고 그새 심신이 더 피폐해질 수도 있으므로 자연적인 적응에만 맡길 수는 없다. 인생의 우기雨期를 피할 수는 없지만 우산을 써서 자신을 보호하는 것은 당연하다.

안정화를 위해 첫 번째로 할 일은, 자신의 상황을 이상하거나 병적인 것으로 보지 않고 대다수 중년이 '정상적으로' 겪는 상황으로 인지하는 것이다. 나도 지인들의 사정을 듣고 나만의 문제가 아니라는 것을 알게 되면서 비로소 안심할 수 있었다. 그때까지는 내가 지나치게 예민하거나 뭔가 찝찝한 문제가 있는 건 아닌지 미심쩍어했다. 그러나 중년기에 나타나는 신체적·심리적 증상들은 중년 대부분이 겪는 '정상 범위'의 일일

뿐이다. 그 범위의 하단에 놓여 유독 더 힘들고 전문적 관리가 필요한 사람도 분명히 있지만, 서울아산병원 교수들이 쓴 『당신의 노화시계가 천천히 가면 좋겠습니다』에도 적혀 있듯 질병이 아니라 자연스럽게 겪는 과정인 것이다.[11]

그런데 대부분은 증상에서 빨리 벗어나는 것에만 관심을 기울인다. 증상이 생기면 사람들이 보통 '제일' 먼저 하는 일은 병원에 가는 것이다. 의사로부터 증상의 원인에 대한 설명을 듣고 호르몬 요법을 처방받는다. 호르몬이 감소해서 증상이 생기는 것이니 언뜻 보면 참 과학적인 대처다. 하지만 모든 사람이 좋은 효과를 보는 것도 아니고, 인공 호르몬 요법의 부작용은 소화장애에서 심장마비 위험 증가, 암 가능성까지 상당히 곤혹스러운 수준이어서 절대 과신할 건 아니다. 좋은 결과를 얻기 위해 치료받는 것인데 다른 나쁜 결과가 올 수도 있다니 이런 걸 진퇴양난이라고 해야 하나. 우울감만 더해진다.

앞에서 호르몬의 감소에는 진화적 이유가 있을 것 같다고 했는데, 베를린의 신경과 의사이자 의학 저널리스트인 크리스티안 구트 역시 『나는 왜 늘 아픈가』[12]에서 유전자는 자신의 계획을 갖고 있고 40세쯤부터는 서서히 이별 준비에 들어간다고 말했다. 호르몬의 생각을 의인화해본다면 '우리 이제 곧 사라져'라는 의미일 테다. 이걸 우리가 심적으로 받아들이기 힘들어서 그렇지, '그래? 좋아. 너희들이 감소한다면 내가 인위적으로라도 밖에서 데려오지 뭐. 인간이 이룬 현대의학을 우습게 보지 말라고' 하며 우격다짐으로 호르몬 함량을 높이는 데 올인하는 것만이 능사는 아닐 것이다.

『호르몬과 건강의 비밀』[13]을 쓴 요하네스 뷔머는 인공 호르몬의 문제를 지적한 바 있다. 옥시토신 호르몬이 잘 분비되면 스트레스가 줄고 분노 조절도 잘 된다는 연구에 근거하여 한동안 옥시토신 향수나 코 스프레이가 엄청 팔리는 과도한 열풍이 불었다. 그러나 나중에 혈관을 표류하는 옥시토신이 아니라 뇌에서 분비되는 것만 효과가 있다는 사실이 밝혀져 독일에서는 더 이상 코 스프레이가 나오지 않는다고 한다. 천연이 아닌 인공의 방법은 잠시 어떤 효과를 낼지는 모르지만, 우리가 미처 발견하지 못한 문제점을 가지고 있을 수 있다.

중년기의 호르몬 기능 이상으로 통증과 오한이 심해서 잠을 못 잘 정도라거나 다른 심각한 문제가 의심된다면, 호르몬 치료를 비롯하여 무엇이라도 당연히 해야 한다. 이를테면 안면 홍조 같은 경우 드물게 심혈관의 문제가 있을 수 있다고 한다. 하지만 대부분은 시간이 지나면서 적응되고 안정된다. 예전 젊었을 때 상태로는 절대 돌아가지 않지만, 남은 인생을 버틸 만큼은 충분히 유지된다.

1부에서 신체적 쇠약은 죽음의 두려움을 촉발한다고 했고, 그럼에도 지금 돌아보면 당시의 죽음에 대한 두려움이 얼마나 현실성 없는지 헛웃음을 짓게 된다고 했다. 자, 다시 한번 말하면, 당신은 죽지 않는다. 미처 몰랐던 치명적인 질환이 있다면 몰라도 60세까지는 절대로 죽지 않는다. 시름시름 아플 수는 있지만, 그래서 아주 가끔은 차라리 죽었으면 할 때도 있겠지만, 절대 죽지 않는다. 그럼에도 곧 죽을 것 같은 불안감에 무기력하게만 살아서는 안 될 일이다.

40대 중반에 파킨슨병에 걸려 심할 때는 두 시간에 한 번씩 약을 먹어야 했던 약사분이 상담을 온 적이 있다. 진단을 받은 날부터 곧 죽을 것 같은 두려움에 종일 울기만 하고 자살 충동이 심했다. 하지만 그때 10회 정도 상담받았던 게 가장 오래했던 것이고, 이후에는 아주 힘들 때 간헐적으로 단기 상담을 오거나 전화 상담을 했을 뿐 20여 년이 지난 지금까지 잘 살고 계시다. 파킨슨병 증상이 여전히 있고 약간 우울하긴 하지만, 정신이 명료하고 오히려 웬만한 사람들보다 상황 판단도 잘해서 약국 총괄 업무를 맡고 있다. 약을 먹어도 간혹 손떨림이 나타나거나 부작용으로 식은땀을 흘릴 때가 있어 데스크에는 서지 않는다고 하는데, 본인은 아무 상관 없지만 손님들이 불편해할 수 있어서 그럴 뿐이라고 하신다.

파킨슨병 같은 심한 병에 걸려도 꿋꿋이 잘 산다. 하물며 호르몬 감소 정도로는 절대 죽지 않는다. 그러니 진정하고 그만 일어나서 지금의 상태에서 할 수 있는 일을 하라. 이분이 약국 일을 다시 했듯이. 너무 힘들 때는 심리상담 등을 통해 마음을 추슬러보기를 권하지만, 근본적으로는 자신의 회복 능력을 믿자.

중년기에 성호르몬이 감소할 수밖에 없다면 인위적으로 증가시키기보다는 애정과 열정으로 자신과 세상을 보듬는 '사랑' 그 자체에 더욱 전념할 일이다. 무엇이든 열중하다 보면 애착 감정이 생겨 호르몬도 별수 없이 동반 생성될 수밖에 없다. 물론 이때 분비되는 호르몬은 성호르몬 자체보다는, 성을 포함하여 '사랑' 전반을 통괄하는 옥시토신 호르몬 쪽이다. 하지만 옥시토신만 제대로 분비되어도 삶이 얼마나 유려하게 흐르는지 모른다. 성호르몬이 감소되었다면 여성의 경우 나이 들어 임신이 불가한 상태가 된다는 것뿐이지 세상을 사랑하지 못하는 건 아니지 않은가. 세상을 연민의 눈길로 봐주고 어루만져주고 쓰다듬어주면 옥시토신 고갈은 절대 없을 것이다.

체질상 이런 것들이 맞지 않다면 마음 맞는 사람과 맛있는 음식을 먹으며 누구 뒷담화라도 하라. 뒷담화는 상당히 통쾌

한 기분을 느끼게 해주는데, 말을 옮기지 않을 믿음직한 사람과 키득대며 하면 순진한 골든 리트리버 같은 옥시토신은 '어, 지금 주인님이 엄청 기분 좋은 상태인가 보다'라고 판단하여 여지없이 '컹!' 한다(분비된다).

이 또한 체질에 맞지 않다면 스스로에게 '고생 많았네. 잘 살았네. 그만하면 훌륭했네' 하고 말해주면서 안아주는 것은 어떨까. 역시나 옥시토신은 어김없이 분비된다. 나는 실제로 가끔 나를 안아준다. 유난히 힘들었던 날에는 거울을 보며 손을 양팔에 올린 후 탁탁 두들기고는 '잘했어. 오늘도 열심히 살았네. 수고했다' 이렇게 속말을 한다. 좀 남사스럽긴 하지만 누가 본다고. 옥시토신 분비를 위해서라면 그까짓 게 대수이랴. 잠이 잘 오는 건 보너스다.

무언가 불안정한 상태였는데 '안정화'가 된다면, 새 기준에서 그리된다는 의미이다. 감소하는 호르몬의 양을 되돌릴 수는 없다. 인위적인 방법을 제외하고서는. 처음에는 감소로 인한 불편감이 당연히 있다. 하지만 어느새 그 수준에 맞춰 몸은 다시 적응하고 안정화된다. 알로스타시스가 발휘되는 것이다. 매일 소고기 먹다가 돈이 없어서 한 달에 한 번만 먹을 수 있다 치자. 처음에는 몸도 마르는 것 같고 살맛도 안 나고 기분도 안 좋다. 하지만 몇 달 더 지나면 그에 또 적응되어서 오히려 몸이 가벼워진다. 한 달에 한 번만 먹을 수 있게 되니 그에 대한 기대만으로도 이미 행복한 며칠을 보낼 수 있으며 맛 또한 기가 막히다.

초기의 불편과 불안만 견뎌내면 몸은 안정화된다. 몸이 그 정도로 당신을 생각해서라기보다는 순전히 자신을 위해서 그렇게 한다. 그러니 더 신뢰가 가지 않는가. 그럼에도 이 흐름을 탈 생각은 하지 않은 채 인위적인 방법에만 매달린다면 안정화 시기는 자꾸자꾸 늦춰지고, 당신은 자꾸자꾸 병원을 찾게 될 것이며, 의사는 자꾸자꾸 이 약 저 약을 처방할 수밖에 없게 된다. 그러다 보면 어느새 당신은 그저 중년기에 진입했을 뿐인데 이런저런 병명을 가진 환자가 된다.

세상에 태어나 무력하게 누워만 있고 겨우 기어다니기만 하던 그때부터 이미 나를 지키고 숱하게 살려냈던, 나보다 몇천 배 지혜로운 몸이 이미 호르몬 감소를 파악하고 다 대처하고 있다. 몸이 스스로 안정화될 때까지 믿고 기다려주자. 아니, 믿고 당신의 일을 하라. 즐거운 일, 혹은 의미 있는 일을 하면 더 빨리 안정화된다.

중년기에 나타나는 증상들이 워낙 들쭉날쭉하니 그에 따라 기분도 왔다 갔다 하다 보면 컴포트 존을 확보했더라도 마음 편히 지내기 힘들다. 이럴 때 신경 써야 할 것은 '마음의 짐 더 얹지 않기'다. 이미 벌어진 일에 심리적 교란까지 가세하지 말자.

중년기 여성의 경우 폐경이라는 건 임신이 불가능한 상태가 되어 그쪽 혈류가 줄어드는 것일 뿐이다. 계속 임신한다는 건 여성 자신에게도 좋은 일이 아니므로. 그런데도 이걸 굳이 '여성으로서의 삶'이 끝났다고 여기면서 마음의 무게를 늘리는 사람이 꽤 많다. 지금 젊은 세대는 이런 생각 자체를 어이없다고 여길 것이다. 여성성 상실을 걱정할 것이 아니라 폐경기에서부터 서서히 시작되는 인지적 상실을 더 걱정하고 대비해야 한다.

앞에서도 말했듯이 나만 겪는 게 아니라 모든 사람이 의례적으로 겪는 과정임을 받아들이자. 중년기의 증상이 신체적 쇠퇴로 보이더라도 외현적으로만 그렇지 내적으로는 아닐 수 있다. 어쩌면 호르몬이 감소하는 것은 더 큰 위험 증상을 막기 위해서일 수도 있다. 통증처럼 말이다.

앤서니 윌리엄의 『난치병 치유의 길』[14]에는 무통각증으로 10대를 넘기지 못하고 죽은 파키스탄 소년들의 이야기가 나온다. 이 소년들은 뜨거운 돌 위를 맨발로 걸어 다니고 칼로 자기 팔을 찔러도 아픔을 느끼지 못해서, 사고나 질병 초기에 치료를 받지 못해 죽었다고 한다. 심지어 지붕 위에서 뛰어내려도 아픔을 느끼지 못해 방치하다가 뇌출혈로 죽기도 했다. 삶의 질을 현격히 떨어뜨리는 통증이 알고 보면 우리를 살리기 위한 경고 시스템이듯이 중년기 증상도 그럴 가능성이 높다.

내가 다니는 산부인과의 원장님은 중년기 자체가 질병을 발생시키는 게 아니라, 이전부터 잠재되어 있던 문제가 호르몬이 감소하면서 외현적으로 드러나는 것이라고 설명했는데 일리가 있다. 이렇게 본다면 지금 겪는 불편감과 통증의 원인이 이미 잠재되어 있었고 오히려 그동안 몸이 막아주고 있었다고 할 수 있다. 그동안 막아준 것에는 1도 고마워하지 않다가 이제 조금 힘에 부쳐 제 기능을 못 한다고 불평하는 것은, 다른 사람도 아닌 그런 평가를 다반사로 받는 중년이 할 일은 아니다. 몸에 동병상련해보자. 가련하고도 기특한 내 몸이었다.

나는 여자이므로 남자의 성에 관한 얘기를 하는 건 이론적 수준 이상으로는 한계가 있다. 그래서 '남자'로부터 전해 들은 얘기로 대신하려 한다. 예전에 심리사 교육이 끝난 후 뒤풀이 모임에서 있었던 일이다. 모임 끝 무렵에는 강사인 나, 20대 초반의 조교, 60대 중반의 임원 둘만 남게 되었고 여자는 나 혼자였다. 임원 중 한 분은 세무사셨고 또 한 분은 스님이셨다. 잠깐 화장실에 다녀온 사이에 분위기가 썰렁해졌다고 느끼긴 했지만, 어차피 모임을 파할 때라 별생각 없이 마무리했다. 나중에 조교에게서 들은 바를 전한다. 세무사 선생님이 남성 호르몬 저하로 성기능이 잘 안되다 보니 인생 끝났다는 느낌이 들어 약의 도움을 받으려 한다고 하자, 스님이 "남성 호르몬이 저하되었다는 건 이제부터 그만 성생활에서 멀어지라는 신호인데 그걸 약을 먹고 한다니요? 너무 부자연스러운 일입니다. 그러다 보면 몸의 다른 부위가 망가집니다. 모든 일에는 다 때가 있는 법이지요. 이제부터는 성보다 더 가치 있는 일을 하라는 신호입니다"라고 했다는 것이다. 세무사 선생님은 불쾌한 표정으로 "성생활이 중요하지 않은 스님은 그렇게 '쉽게' 말하실 수 있지만 우리 같은 일반 남성에까지 똑같이 적용하면 안되지요"라고 받아치면서 어색한 분위기가 되었다는 것이다.

스님은 공감의 중요성을 강조했던 그날의 수업 내용을 깡그리 잊은 채 왜 그렇게 정색하고 되받아치셨는지, 세무사 선생님은 상호 배려적 대화의 중요성을 다루었던 수업 내용을 역시나 잊고 스님 앞에서 왜 굳이 무례(?)하게 성에 관한 얘기를 꺼냈는지, 그 자리에 없었던 나로서는 어느 편도 들기 어렵다.

71

하지만 몸이 자신의 소중한 호르몬을 감소시키는 데 이유가 있다는 스님의 말씀에는 분명 경청할 부분이 있었다. 잡다한 인간사에서 한 걸음 물러나 살아서인지 과연 일반인과 다른 시각에서 세상을 보는 면이 있으시다는 생각도 들었다. 그렇다고 섣불리 "저도 그렇게 생각합니다"라고 말했다가는 내가 남자가 아니어서 그렇게 '쉽게' 말한다는 말을 들을 것 같아 영영 입 밖에 낼 기회는 없을 것 같다. 모쪼록 두 분이 마음을 풀었기를 바란다.

애기가 길어졌는데, 중년기에 나타나는 증상으로 인한 불편감을 이런저런 방법으로 해결하는 건 얼마든지 찬성하지만 여성성이나 남성성의 상실로까지 더 '얹어' 받지는 말았으면 한다. 남성성과 여성성이 육체적인 것만은 아니므로. 상실은 사실 얼마나 허망한 용어인가. 어떤 것이 아주 없어지거나 사라진다는 뜻이다. 인간의 정체성에 몸이 미치는 영향을 새삼 말할 필요는 없지만 한두 가지 기능이 떨어지는 것을 '상실'로 몬다면 제일 서글픈 건 본인이다.

중년이 되면 과거의 영화榮華에 미련을 두어 그 유통기한을 늘리려 하기보다 인생이라는 체스판을 어떻게 새로 놓을지 슬슬 생각해볼 때가 된 것이다. 또 그렇게 해야 마음의 짐을 더

엊지 않게 된다.

삶 을 단 순 화 하 기

안정화가 어느 정도 될 때까지는 삶을 최대한 단순화해야 한
다. 단순화란 긴축, 위축, 생략, 소거같이 규모를 축소한다는 뜻
도 있지만 더 정확하게는 삶의 에센스에 '선택과 집중'하는 것
이다. 뷰티 전문가들은 딱 하나의 화장품을 꼽으라면 에센스
를 꼽는다. 말 그대로 '에센스'이기 때문이다. 중년기는 삶에서
에센스를 찾아 '농축'된 인생을 살기 시작할 시기다.

　첫째, 생각을 단순화하자. 여기서 단순화하자는 건 모든 생
각이 아니라 건강염려증을 비롯하여 불안과 우울을 유발하
는 생각들이다. 건강에 대한 불안이 올라오면 '나을 거야. 낫는
다잖아. 다들 나았어' 이렇게 단순하면서도 긍정적인 자가진단
을 한 후 그 생각에서 떠나도록 하자. 어떤 생각을 떠나는 가
장 좋은 방법은 자리에서 일어나 몸을 움직이는 것이다. 운동
이 제일 좋지만 가볍게 산책하기, 가게에서 물건 사 오기, 식물
에 물 주기, 서 있는 데서 사방 60센티미터 내 먼지 닦기 등 어
떤 움직임도 오케이다. 몸을 움직이면 뇌가 그것을 실행하느라
잠시 생각에서 멀어진다.

2부 • 소동 진화: 컴포트 존에서 버티기

우리가 걱정하는 문제들은 생각을 많이 한다고 금방 해결되지 않는다. 한 번 정도 '어, 나 이런 문제가 있네. 어떻게 해결하지?' 이렇게 뇌에 질문을 던져놓은 후, 가만히 앉아서 곱씹지 말고 일어나 움직이라. 그러다 보면 불현듯 더 좋은 해결 방안이 떠오른다. 특히 운동은 세로토닌 호르몬을 증가시켜 성호르몬 감소로 인해 벌어지는 생리적, 감정적 교란을 막고 호르몬 안정화에 큰 도움을 준다. 이것 하나만으로도 운동화를 신고 밖으로 나갈 일이다.

둘째, 일을 단순화하자. '꼭 해야 할 일'과 '시급하게 해야 할 일'을 기준으로 우선순위를 정해 상위 3~5개 정도만 최선의 노력을 기울이고 나머지는 대충 하자는 것이다. 집중력이 떨어지고 에너지가 극도로 낮은 때이므로 예전과 똑같이 일하다가는 갱도에서 나오기도 전에 질식당한다. 지금껏 늘 최상의 결과를 내기 위해 달려왔을 테니 이제부터는 결과에 덜 연연해하면서 무심하게도 살아보자. 능력이 좀 부족한 것 같으면 어떤가. 운이 따르지 않는다 싶으면 어떤가. 잘나갈 때도 나고 못 나갈 때도 나다. 내가 어떤 일을 잘하는 것(기능 자아)과 내가 가치 있는 사람인 것(존재 자아)은 절대 동격이 아니다.

일을 잘하면 나에게나 상대방에게나 좋은 점이 많다. 하지만 내 수명을 단축하면서까지, 내 영혼의 빛을 잃어가면서까지 잘해야 할 일이라는 건 없다. 물론 부족함을 받아들이는 건 자존심을 건드려 힘들긴 하다. 하지만 일단 받아들이면 속이 그렇게 편할 수 없으며 별것도 아닌 일에 그간 자존심 세웠다는 생각이 든다. 사실 중년 이후로 어떤 일을 더 잘해내기는 점점 어려워지므로 미흡함을 인정하는 건 매우 현실적인 태세 전환이 된다. 이런 자기 수용에 지지부진해봤자 감정 소모, 에너지 소모일 뿐이다.

셋째, 일상을 단순화하자. 꼭 필요한 일 위주로 하루 일과를 정렬한 후 그 일들 사이에 있는 작은 일들은 루틴처럼 자동으로 돌아가도록 하라. 예를 들어 평일 기준으로 7시 기상, 핸드폰 메시지 5분 확인, 물 마시기, 세수 등으로 하루를 시작하고, 밤에는 이부자리 깔기, 스트레칭, 명상, 잠자기 등으로 하루를 마무리하는 루틴을 만들어 꼭 지키라는 말이다. 이런 자질구레한 일들을 지키지 않는다고 큰일 나는 건 아니지만 루틴을 지키면서 일정 시간에 일정하게 몸을 움직이면 안정화가 아주 빨리 이루어진다. 번뇌가 스며들 틈도 줄어든다. '에이, 오늘 기분도 안 좋은데 스트레칭은 무슨' 이렇게 넘어가지 말고 그럼에도 꾸역꾸역 몸을 움직이면 어느새 이완되면서 기분이 나아진다. 마치 뇌에게 "기분 안 좋지? 그래도 지금은 몸을 움직이자고" 이렇게 지시하는 것과 같다. 그러면 뇌는 주인의 지시를 따르느라 '기분(나쁨)' 모드에서 '생활' 모드로 옮겨간다. 그렇게 또 하루를 보전하고 새날을 맞이하는 것이다.

가끔 등에 담이 올 때가 있다. 스트레칭을 하거나 혈자리를 주무르거나 파스도 붙이지만 가장 큰 효과를 보는 건 평소처럼 생활하기다. 몸이 허락하는 범위에서 운전하고, 걷고, 장을 본다. 귀가할 때쯤이면 어느새 몸이 풀려 있다. 심하게 아픈데도 위험을 무릅쓰고 나가라는 얘기가 아니다. 조금 불편하거나 통증이 있긴 하지만 움직일 수 있다면 나가라는 말이다. 집 안에만 틀어박혀 '담 걸렸네. 이놈의 담, 지겹다 지겨워, 속상하다'라고만 하고 있으면 뇌는 '담 회로'만 계속 돌린다. 고리를 끊고 나가서 할 일을 하면 뇌는 '생활 회로'를 돌린다. 생활이 안정화될 수밖에 없다. 아주 단순한 뇌 활용법이지만 효과는 강력하다.

루틴을 지키는 것은 뇌에게 당신이 건강하다고 통보하는 것과 같다. 그러면 뇌 또한 거기에 맞춰 주인님이 계속 건강하게 살 수 있도록 최선을 다한다. 루틴을 도저히 지킬 수 없는 때가 온다면 심하게 우울하거나 몸에 큰 문제가 생긴 것일 테니 그거야말로 진짜 속상하고 겁나는 일이 아니겠는가.

노파심에 한마디, 생활을 루틴으로 하라는 것이지 감정을 기반으로 하는 인간관계를 루틴으로 하라는 말은 절대 아니다.

중요한 일 위주로 우선순위를 정하고 자질구레한 일들을 루틴으로 만들면 '놀랍게도' 그토록 나지 않았던 시간이 난다. 심지어 루틴을 실행하는 중에도 몸은 자동으로 움직이되 뇌는 활발하게 돌아가 내 시간을 가질 수 있다. 이 시간을 잘 쓰면 해피니스 커브의 상승이 빨라진다.

'나에게' 시간이 주어졌을 때 할 일은, 미루어놓았던 동영상 보기가 아니라 '자기 돌봄'이다. 동영상을 보면 분명 기분이 전환되겠지만 타인인 동영상 주인공의 모습을 아무리 지켜본들 당신 인생이 전환되지는 않는다. 당신 인생, 당신이 주인공이니 그 주인공에게 시간을 가장 많이 쓰는 게 당연하다.

'자기 돌봄'이란 일정 수준 이상으로 에너지를 잘 유지하도록 자기 몸과 마음을 관리하는 것으로, 중년기에 신체적, 심리적 자원이 바닥났을 때는 더 의도적으로 해야 한다. 말술을 마셔도 다음 날 거뜬히 출근할 수 있고 얼굴에 뾰루지가 나도 며칠 지나면 가라앉았던 젊은 날의 회복력이 사라지기 때문이다. 중년기와 이전 시기와의 차이를 딱 하나만 얘기하라면 '자연 회복력 감소'라고 말할 수 있을 정도로 이제는 저절로 나아지기 힘든 시기가 왔다. 슬프다.

몸을 돌보자는 진부하기 짝이 없는 말을 굳이 하는 이유는 중년기 안정화에 신체 건강이 너무도 중요하기 때문이다. 똑같은 중년기 우울증이라도 체력이 있는 사람이 잘 견디는 건 당연하다. 우울해 죽겠는데 변비, 소화불량, 협심증에 관절염까지 있다? 그야말로 '산 넘어 산'으로 안정화가 계속 미뤄진다. 우울증 약을 먹어야 해서 밥을 먹었는데 속이 안 좋아 소화제를 먹었더니 이번에는 변비가 오는 식으로, 약의 개수는 점점 늘어나고 부작용 위험성도 증가하는 일이 비일비재하다. 중년 이후로는 혈압이든 당뇨든 어떤 원인으로든 약을 먹게 되므로, 약의 도움을 최소한으로만 받을 수 있도록 정말 각별히 몸을 돌봐야 한다. 게다가 좀 전에도 말했듯이 중년기부터는 자연 회복력이 급감하므로 빨리 조치해놓지 않으면 상승선에 올라타도 발목을 잡힌다.

몸이 안 좋아서 병원에 갔을 때 "스트레스받지 마시고요"라는 하나 마나 한 말을 들었다고 한 번씩 푸념해본 적 있을 것이다. 그런데 그런 말을 들으나 마나 할 때가 아니다. 지금의 이 고비를 잘 넘기기 위해서는 최대한 스트레스를 받지 않아야 한다. 그럴 수 있는 신통한 방법이 있어서가 아니다. 오히려 찾기가 힘들므로 '모든 수'를 써야 한다. 그나마 지금은 쓸 '수'가 꽤 있다. 더 나이 들수록 체력, 경제력, 뇌력, 인적지원이 감소하여 수를 쓰는 데 한계가 온다. 기분 좋지 않은 가정이긴 하지만 심지어 치매에 걸려 수 자체가 생각나지 않을 수도 있다.

육십을 넘어보니 이전까지의 힘듦은 '헉, 힘들어' 정도라면 이제는 '힘들어. 게다가 절망스럽기까지 해' 느낌이다. 중년기에도 무릎이 아프면 당연히 기분이 안 좋지만, 그래도 그때는 '어쭈? 벌써 무릎이 아파? 참 가지가지 한다' 이렇게 패기에 차서 병원에 갔다. 하지만 더 나이 들어 무릎이 아프면 그저 이런 생각이 든다. '관절염인가? 그냥 죽을까?' 죽지 않고 병원에 가긴 하지만 나을 거라는 기대를 하면서 가는 건 아니다. 계속 아프면 생활에 지장이 있고 가족에게 민폐 끼칠까 봐 엉거주춤 간다. 패기 대신 의기소침이 자리 잡는다.

내가 그 나이대였을 때는 인정하지 않았지만, 마흔에서 육십 사이는 참 살 만한 나이다. 자기 돌봄의 목표와 이유, 희망이 다 있는 나이다. '그럴 시간 없다'는 착각에 빠져 보석 같은 시간과 수많은 기회를 헛되이 날리지 않기를 바란다.

나는 건강검진 못지않게 중요한 게 '아플락 말락 할 때 적극적으로 조치하기'라고 생각한다. 피곤하면 따뜻한 꿀차나 생강차를 마시며 선제적으로 몸을 보호하는 것이다. 사람마다 다르겠지만 내 경우는 목이 간지럽거나 따끔따끔한 증상이 나타나면 면역력이 저하되었다는 신호다. 이걸 무시하고 종일 강연을 했다가 다음 날 목소리가 안 나올 만큼 목이 부어 주사를 맞아야 했을 정도로 큰 고생을 한 적이 있다. 젊었을 때는 한 번도 겪지 않았던 일이다. 슬프다. 이후에는 자다가도 목이 따끔거린다 싶으면 벌떡 일어나 소금물 양치, 생강차 양치를 한 후 다시 자며, 아예 매일 밤 자기 전에 소금물 양치가 필수 코스가 되었다. 강연을 오래 할 때는 세이지 차를 준비해 가서 한 시간에 한 번씩 홀짝인다. 모든 사람에게 맞는 방법은 아니겠지만 세이지 차의 놀라운 효능을 실험해보시기 바란다. 이 방법들로 나는 이비인후과에 가는 횟수를 반으로 줄였다.

담이 심하게 걸리거나 발목을 살짝 삐었을 때는 사적인 모임은 무조건 연기한다. '괜찮겠지' 하고 나갔다가 증상이 더 심해진 일을 두어 번 당하면서 그렇게 정했다. 젊었을 때는 어느 정도 강단 있고 담대한 쪽이었던 것 같은데, 이제는 요 조그만 신체 증상들의 눈치를 보는 소심하고 겁 많은 사람으로 변한 것 같아 기분이 좋지는 않다. 어쩌겠는가. 그 또한 내 안에 원래 있던 모습이었을 텐데. 처음에는 작은 증상이었는데 방치하다가 급작스럽게 나빠진 일을 몇 번 겪다 보니 소심해도 겸손하게 살 수밖에 없다.

몸이 살짝 아파도 일은 해야 한다. 그런 날은 묵언수행을 하듯 말을 하지 않는다. 점심도 간단히 혼자 해결한다. 아프면 먹지도 않고 잠만 자는 동물처럼 나도 에너지를 최대한 보존하면서 신체 치유력이 가동되기를 기다린다. 나와 반대로, 아플 때 사람들과 만나 웃고 얘기해야 더 힘이 나는 사람은 그렇게 해야 한다. 요점은, 당신만의 몸 돌봄 방식을 잘 찾으라는 것이다.

안타깝게도 많은 중년이 자신만의 건강법을 찾는 것을 그다지 중요하게 여기지 않는다. 간단하게 알약 하나로 웬만한 병은 관리할 수 있기 때문이다. 앞에서 당신은 절대 죽지 않는다고 했는데 이에는 약의 기여도 있다. 직장 상사 때문에 혈압이 올라도 고혈압 약이 있어 죽지 않고, 제멋대로 사는 가족 때문에 위가 뭉쳐도 소화제가 있어 죽지 않으며, 트랜스지방으로 범벅된 치킨을 잔뜩 먹어도 고지혈증 약이 있어 무사히 지나간다. 중년부터 이런 약을 먹는 사람들은 그 당시는 아주 건강해 보인다.

사업으로 너무 바빠 약을 챙겨 먹지 못해 불편하다는 이유로 인슐린 펌프 시술을 받은 지인이 있었는데, 중년까지는 그런 처방을 받았는지도 주변 사람들이 모를 정도로 건강해 보였다. 운동도 안 하고 식단도 신경 쓰지 않는데도 피부가 탱탱하고 건강해 보이기까지 해서 혈당 조절제의 '노화 억제 가설'

이 사실인가 싶을 정도였다. 하지만 내 지인처럼, 모든 약의 부작용은 면역력이 급격히 떨어지는 나이인 육십을 넘어 서서히 드러난다. 약을 먹은 초기에 드러났다면 진즉 방책을 세웠을 텐데, 병에 대한 몸의 저항력을 갖추지 못한 채 약 의존성만 높아진 무력한 상태로 노년을 맞게 된다.

명절이나 모임에서 중년을 넘은 친척이나 지인들을 만나면 예외 없이 자신만의 건강 비법을 알려주려 애쓴다. 어떤 이는 현미, 어떤 이는 물 자주 마시기의 전도사가 되어 있다. 어렸을 때는 사람들이 왜 그렇게 별로 재미도 없는 건강 얘기로 이목을 끌려 하는지 이해되지 않았는데 지금은 좋아 보인다. 몸의 소중함을 알게 되어 나름의 방법을 찾고 혼자서만 아는 게 아까워 공유하려는 모습이 참 훈훈하다.

그들처럼 당신도 자신에게 맞는 좋은 음식과 건강법을 찾아놓으라. 내가 나만의 건강법을 찾아보기 시작한 40대 중반부터 지금까지 알아낸 진실 하나는, 절대로 남에게 좋다고 해서 내게도 좋지 않다는 것이며 그 반대도 마찬가지다. 현미가 아무리 좋아도 어떤 사람에게는 소화장애를 일으키고, 물 마시기가 아무리 중요해도 어떤 사람에게는 자주 요의를 일으켜 두려움의 대상이 되기도 한다. 건강을 챙기자고 마음먹을 때 사람들이 가장 먼저 구매하는 비타민조차 완전 무해하지 않다는 사실이 공신력 있는 매체를 통해 수차 보고되었다.

자신에게 맞는 음식이나 건강법을 찾았다면, 가히 신의 선물을 하나 수령했다고도 할 수 있다. 중년의 자기 돌봄은 자신을 책임지고 가족을 배려하는 고귀한 행위다.

• 마음 돌봄 •

'마음 돌봄'으로 우선할 일은 '자기 성찰'로, 중년기 우울증이 생긴 원인을 들여다보는 것이다. 당신이 평소 생각을 많이 하는 편이라면 원인을 헤아리는 게 어렵지 않겠지만, '나의 인생 다이어그램'을 만들어 우울증의 원인을 찾아보는 것도 좋겠다.

종이를 한 장 준비해서 가운데 원을 하나 그리고 원 안에 '나'라고 쓴다. 이 원을 중심으로 작은 원을 8개 정도 그린다. 작은 원에 당신이 속한 곳이나 하는 일 가운데 중요한 것을 적어라. 이를테면 직장, 가족, 종교, 친구 등을 적는다. 당신의 삶의 반경을 압축한 그림이 그려졌을 것이다. 이제 작은 원 하나마다 오른쪽에 당신을 힘들게 하는 요인, 이를테면 어떤 사람의 이름이나 고민 사항을 적어보자. 예를 들어 '직장' 원 옆에 까다로운 상사, 과다한 업무량, 적은 월급 등 생각나는 대로 편하게 써보라. 이 정도만 해도 당신을 힘들게 하는 것들이 가닥

잡힌다. 이런 식으로 자신만의 다이어그램을 그려보자. 이 다이어그램은 나중에 또 활용할 것이므로 정성껏 만들어보자.

그다음은 '자기 위로'다. '에고, 이러니 힘이 안 들어? 무슨 수로 버텼대?' 하며 스스로 달래주는 것이다. 자기 위로가 쑥스럽다면 심리상담이나 친지, 종교 등 외부의 도움을 받아서라도 꼭 위로받도록 하자. '모든 수'를 쓰는 걸 절대 미루지 말자.

모든 치유의 시작은 위로다. 또한 자기 위로의 시작은 자기 연민이다. 불쌍하게 여기는 마음이라는 뜻의 연민은 참 아름다운 단어인데, '자기'를 붙이면 이상하게 사람들로부터 이기적이거나 유약하다는 말을 듣곤 한다. 자기 연민이 심한 사람이 남 탓을 할 때가 있으므로 이해는 간다. 또한 남 탓을 하는 데서만 끝나는 자기 연민은 이기적인 것을 떠나 본인에게도 도움이 안 된다. 하지만 그 자체는 마음 회복을 위해 꼭 필요한 과정이다.

무엇보다도, 타인으로부터 연민을 받을 수 없으니 자기 연민이라도 해야 하지 않겠는가. 오죽하면!

살면서 처음으로 자기 연민에 동조해주는 사람(상담사)을 만났다고 놀라워했던 내담자가 생각난다. 이 내담자는 다섯 살 때부터 아홉 살 위의 형에게 10년 넘도록 맞은 트라우마가 있었다. 기억하는 게 다섯 살이지 그 이전부터 맞았을 거라고 했다. 형은 말할 것도 없고, 남편을 일찍 여의고 장남에게 모든 것을 의존했던 어머니가 늘 "네가 맞을 만한 짓을 했다"며 내담자 탓만 했기 때문에 한 번도 제대로 맞서본 적이 없었다. 내담자가 대학생이 된 후 폭력, 특히 가정폭력에 대한 문제의식을 확실히 갖게 되면서 본격적으로 항의하고 심리상담도 받아야겠다고 거듭 촉구했음에도, 어머니와 형은 이번에는 "지난 일인데 왜 그래? 고등학생 이후로는 한 번도 안 맞았잖아. 자기 연민에 좀 빠지지 마"라는 말만 무수히 뱉을 뿐이었다. 기어이 내담자가 의자를 집어 던질 정도로 감정 조절이 안 되는 모습을 보이자 비로소 힘에 부친 가족이 그를 상담실로 보냈다. 우여곡절 끝에 상담을 왔음에도 내담자의 상담 목표는 '자기 연민에 빠지지 않기'였으니 20년 넘은 세뇌(?)의 영향은 실로 엄청났다. 어렸을 때 형에게 맞았던 일들을 말하면서 격렬하게 흐느끼던 그에게 나는 "자기 연민을 그만하고 싶다고요? 아니, 더 자기 연민 하셔야 해요. 오늘 말했던 얘기들을 눈물 흘리지 않고 돌아볼 수 있을 때까지 매번 자기 연민 할 겁니다. 그때 나 참 불쌍했다, 나 너무 힘들었다, 이렇게 원 없이 자기 연민 해봅시다"라고 말했다.

자신이 불합리한 일의 희생자였음을 공표하고 자기 연민 한 후, 그리고 자기 잘못이 아니었음을 확실하게 인지한 후, 비로소 내담자는 문제를 해결해볼 마음의 여유를 갖게 됐다. 여기에 그 과정을 다 옮길 수는 없지만 결과적으로 형과 어머니는 사과했고, 내담자는 다시는 과거의 일을 언급하지 않겠다고 말할 수 있을 정도로 자기통제력을 갖게 되었다. 삶이 힘들게 느껴지는 것을 가족 탓으로만 돌리지 않고 스스로 책임지겠다는 다짐도 했다. 자기 연민의 과정을 거치지 않고도 내담자와 가족 간의 갈등이 봉합되었을 수도 있겠지만, 그러면 시간이 오래 걸렸을 것이며 근본적인 해결이 되지도 않았을 것이다.

 '자기 위로' 다음에 할 일은 2차 성찰이다. '나의 인생 다이어그램'을 다시 펼친 후 다른 색의 펜으로 작은 원의 왼쪽에 이번에는 긍정적인 측면을 적는다. 예를 들어 '직장'의 경우 돈을 번다, 자기 계발을 한다, 좋은 동료가 있다 등으로 적어볼 수 있다. 온통 먹구름인 줄만 알았는데 구름이 걷히면서 숨어 있던 햇빛이 보이듯이, 온통 나쁜 곳인 줄만 알았는데 '봄날의 햇살' 같은 면들도 있었음을 알게 된다. 조금 마음이 가벼워지기 시작하면서 안정화 속도가 빨라진다. 혹시라도 '직장 다이어그램' 작업 후 퇴사 결심으로 이어진다 해도 퇴사까지는 최대한 잘 지내야 하므로 조금이라도 마음 편한 부분을 찾아놓으면 큰 도움이 된다.

어느 정도 충분한 성찰이 이루어지기까지는 잠시 삶의 반경을 좁힐 것을 제안한다. 사업상 어쩔 수 없이 만나야 하는 사람이나 당신에게 힘이 되는 꼭 필요한 사람과의 만남을 제외하고는, 혼자서 쉬거나 운동하거나 명상하면서 최대한 평정심을 갖도록 하라. 만족스러운 노년기에 이르기까지는 평정심이 제 발로 오지 않기 때문에 의식적으로라도 신경 써야 한다. 물론 혼자 있는 것보다 사람을 만나서 수다 떨 때 더 힘이 난다면 그렇게 하는 게 옳다는 걸 다시 한번 강조한다.

'개미의 속도'로 살다가 지쳤음이 분명하니, 잠시 베짱이나 나무늘보같이 느릿느릿 움직이며 자신만의 속도를 찾아내보자. 당신이 속도를 줄이는 동안 옆의 사람이 빛의 속도로 달려가는 듯이 보여도 '부럽네' 하고 담백하게 한 번 인정하고 담담하게 그의 운을 빌어주자. 중년기 우울증과 담 쌓은 듯한 사람도 분명히 있지만 과연 끝까지 그럴지, 또한 그게 꼭 유익할지는 좀 더 살아봐야 안다.

삶의 넓이를 좁히되 깊이는 더하라. 의무로 해야 할 일에 즐거운 일을 섞어서 감정의 균형을 맞추라. 기분 좋아지는 사람을 만나고 꽃과 나비, 별, 활짝 웃는 아이들의 표정, 여름날 분수대에서 솟는 물줄기 등 굳이 멀리 가지 않더라도 가까이서 발견할 수 있는 아름다움을 적극적으로 찾아 만끽하라. 삶에

찌들어서 아름다움을 느껴봤던 때가 가물가물할 것이다. 보기만 해도 아름다움 그 자체였던 아이들도 당신이 중년기가 되면 속을 감추고 잘 보여주지 않는다.

　더 시간이 난다면 데드라인이 없는 일을 해보는 것도 좋겠다. 그림을 그린다든지, 붓글씨를 써본다든지, 어렸을 때 쳤던 바이엘 하권을 다시 쳐본다든지 하는 것들. 누구에게 군이 보일 필요 없고 결과를 내놓을 의무가 없는 활동에 호젓이 전념할 수 있다면 그곳이 당신의 컴포트 존이다.

　빅터 프랭클의 『삶의 의미를 찾아서』[15]에는 당장 내일 어떻게 될지 알 수 없는 수용소의 수감자들이라도 길가의 예쁜 꽃 한 송이를 밟지 않으려 했다는 이야기가 나온다. 반면 "쳇 그게 무슨 대수야. 내일이면 나를 위한 무덤을 파야 하는 판에" 식의 말을 한 사람은 진짜 다음 날 자기 무덤을 파게 되더라는 것이다. 빅터 프랭클은 "꽃 한 송이를 지켜내려는 행동이, 아름다움을 접함으로써 생존에 유용한 뭔가를 본능적으로 얻으려는 것임"을 보여준다면서, 그것이 로고스의 생명 에너지라고 말했다. 절체절명의 위기에 처한 수감자들까지 살리는 놀라운 생명력이 기껏 나이가 들었다고 시들해진다면 내가 생명력을 제대로 간수하지 못해서일 가능성이 크다. 물론 내 의지와 상관없이 벌어지는 부분도 당연히 있지만 생명력이 허비되는 곳에서 너무 많은 시간을 보내는 건 아닌지 생각해보자. 자신을 돌보면서 세상의 아름다움을 찾아 지켜주다 보면 어느새 생명 에너지를 회복하게 되어 마음에 평화가 깃들 것이다.

마음 돌봄을 따로 시간 내서 해야 하는 까닭은, 문제가 해결되는 것과 마음이 편해지는 것은 별개이기 때문이다. 주변을 보면 고민하던 문제들이 해결되었어도 여전히 안색이 어두운 사람이 많이 있다. 상담이나 판결 등을 통해 잘잘못을 따져 설사 본인이 '이겼어도', 행복하고 후련해하기는커녕 처지고 생기 없는 모습인 경우도 많이 보게 된다. 마치 이혼 소송에서 승소했어도 그 과정에서 드러난 서로의 민낯과 밑바닥 감정을 보게 됨으로써 피폐해지듯이 말이다.

문제 해결이 더딜 때는 말할 것도 없고, 해결이 되었어도 내상으로 곪은 부분이 있지는 않은지 꼼꼼히 살펴 능동적으로 마음을 돌보도록 하자.

인생 다이어그램 만들기

종이 한 장을 앞에 펼치고
나의 인생 다이어그램을 만들어보자.
가운데 큰 원을 중심으로 8개의 작은 원을 그린 뒤,
그 안에 내가 속한 곳이나 하는 일 중
중요한 것을 각각 적는다. 그리고 작은 원 오른쪽에는
고민 사항을, 왼쪽에는 긍정적 측면을 적어본다.

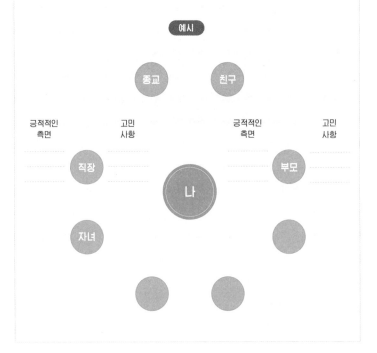

정공법으로
버티기

힘들 때 딱 떠오르는 생각은 '다 때려치우자'일 것이다. 그리고 그 대상의 1순위는 단연코 직장일 것이다. 직장인이라면 누구나 주머니에 넣고 다녔던 사표를 어느 날 상사 앞에서 멋지게 날리는 상상을 해본다. 그런데 중년쯤 살았으면 그 상상은 현실이 될 가능성이 아주 높다. 그것도 일종의 꿈이라면 그 '꿈'이 이루어질 날이 곧 온다. 어차피 이루어질 것, 반대로 최대한 버텨보는 것도 좋지 않을까. 버티는 것도 능력이다. 큰 용기다.

조녀선 라우시도 '정공법'이라고 칭한 이 방법으로 침체기를 벗어났다면서 "어떤 심오한 깨달음을 얻거나, 새로운 목적을 발견하거나, 종교에 귀의하거나, 획기적인 이론을 찾아냈다면 좋았겠지만 실제로는 그렇지 않았고, 직장을 그만두지도, 배우자 몰래 바람을 피우지도, 우울증에 굴복하지도, 빨간 스포츠카를 사지도 않았으며, 그저 '어떻게든 버티고 보는 전략'을 썼다"라고 했다. 그 결과 어느 순간 (내부)비판자의 목소리가 잠잠해지기 시작했고 그날그날 자신이 하는 일에 만족하게 되었다고 한다.

당연히, 버티지 않아도 된다. 일단락하고 다시 시작하면 된다. 다만 '버티는 용기'는 마음을 단단히 여물게 하여 남은 생을 살아갈 수 있는 큰 저력이 된다. 이 용기를 반드시 가져야 할 건 아니지만 당신에게 있을 수도 있으므로 확인은 해보자. '버티는 용기' 한 번 내본 후 판을 뒤집어도 늦지 않다. 굳이 무언가를 새로 시작하지 않더라도 버티면서 살짝 업데이트만 해도 돈 절약, 에너지 절약, 시간 절약이 될 뿐 아니라 사실은 마음고생도 덜한다.

업데이트는 중년이 아주 잘할 수 있는 일이다. 청년기 때는 아직 쌓아놓은 게 많지 않아 업데이트할 것도 마땅치 않다. 하지만 중년기에는 그간 누적된 삶의 자원이 상당하다. 후회되는 것도 많지만 잘한 것도 많았다. 그러지 않고서야 여태 버틸 수 없었다. 업무를 개선해야 할 때 모든 걸 건드려보는 신입 사원과 달리, 문제 부분만 캐치해서 개선하는 경력 사원이 바로 중년이다. '들어가는 말'에서 짐을 털고 가야 한다고 했는데, 털고 갈 것은 '모든 것'이 아니라 그동안 살아오면서 행복해지는 데 별 효과가 없었던 것, 살아가는 데 그다지 유익하지 않았던 것들이다. 무엇을 남기고 무엇을 개선할지, 또 무엇은 완전히 새로 시작할지 분리해보자.

그렇다고 버티기를 놀이하듯 할 수는 없다. 긴장되고 불편해서 저절로 온몸에 힘이 들어가니 버티다가 병을 먼저 얻을 판이다. 이럴 때는 상황을 냉정하게 평가하는 게 도움이 된다.

한 남성 내담자가 직장을 '악마의 소굴'이라 부르며 심한 분노와 우울감을 드러냈다. 스트레스가 최악일 때 10점이라면 직장에 몇 점을 줄 수 있냐고 물으니, 생각하고 말 것도 없이 그저 최악이라고 했다. 그래도 점수를 내보라고 했더니 곰곰이 생각하다가 7점을 부여했다. 우리 둘의 시선이 허공에서 부딪혔다. 내담자는 '이 정도로 심하다고요. 뭘 더 물으세요?' 하는 확신의 눈빛이었고 나는 '최악은 아닌데요?' 하는 반문의 눈빛이었다. 잠시 후 나는 최대한 우아한 톤으로 "왜 9나 10이 아니라 7점일까요?"라고 물었다. 내담자는 곰곰이 생각하더니 "회사는 악마의 소굴 맞는데 옆자리 동료가 꽤 마음이 잘 통해요. 구내식당은 친구들도 부러워할 정도이고 직원 복지도 빵빵하고요. 프로젝트 하나를 진행할 때는 그 악마 같은 상사가 시도 때도 없이 압박하고 심지어 매번 성과를 가로채지만, 종료되면 잠시는 꽤 자유로워요"라고 답했다.

요약하면, 직장이 악마의 소굴이 된 것은 '악마'인 상사 때문이었던 것이지 다른 쪽으로는 꽤 괜찮은 부분이 많다는 얘기다. 그럼에도 그 '악마' 한 사람으로 회사 전체를 극단적으로 부정 평가했다. 회사 스트레스를 호소하는 내담자들에게서 많이 나타나는 모습이다. '모든 사람'이 아닌 '한두 사람'으로부터 스트레스를 받고 있을 뿐인데 전체가 그런 양 일반화하고 확대해석한다. 스트레스로 시야가 좁아져 일어나는 일인데, 그런 상태에서 사표 내기와 같은 너무도 중요한 일을 얼떨결에 감행한다면 최선의 결정이 아닐 수 있다. 사표를 내거나 말라는 얘기가 아니라, 사표를 낸 후 다른 직장에서 또 잘 적응하기 위한 준비 차원에서라도 지금 상황을 냉정하게 평가하면 예전과 달리 새롭게 보이는 면이 있다.

이를 방정식에 비유해보자. 알다시피, 방정식이란 변수의 값에 따라 참 또는 거짓이 되는 등식이다. 예를 들어 아래와 같은 등식을 가정해보자.

$$S(\text{직장 만족도, 최악일 때 10점}) = a1 + a2 + a3 + X$$

$$(\text{*X는 직장 상사 변수, a1~a3는 기타 변수})$$

위의 내담자는 이 방정식에서 오로지 X만을 고려했으며 심지어 유일한 절대 상수로 보았기 때문에 S를 10점에 해당하는 최악 점수로 판단했다. 하지만 차분하게 재평가해본 결과, 마이너스가인 다른 변수들을 떠올리게 되면서 7점으로 낮추었다. 내 우군이라 할 수 있는 긍정적인 변수를 찾아내면 상황이 달라진다.

또 다른 남성 내담자가 그런 경우다. 노무사 일을 하다가 규모가 꽤 큰 노무법인에 특채되었다. 급여도 높지만, 업계에서 알아주는 상사로부터 일대일 코칭을 받을 수 있다는 조건에 크게 끌렸다. 2~3년 후 고속 승진이 보장되는 대신 근무 시간이나 작업량이 늘 초과 범위였지만 신나게 일했다.

그런데 정작 스트레스는 업무량보다는 상사와의 갈등이었다. 알고 보니 상사는 매우 독단적이고 거만했으며 일을 잘 못하면 심하게 경멸하고 쌍욕도 남발했다. 급기야 스트레스성 위장병까지 얻은 내담자는 승진 보장이고 뭐고 당장 때려치우려 했다. 하지만 막상 나가려니 자신이 이쪽 업무에 통달해 있지 않다는 사실을 직면했다. 성격이 모난 상사가 있다 해서, 정통성을 갖고 있을 뿐 아니라 감탄스러울 정도로 매끈하게 일을 처리하는 회사의 노하우까지 후진 건 절대 아니었다. 아니, 돈을 주고서라도 배워야 하는 부분이었다.

이렇게 자신의 상황을 냉정하게 평가해본 내담자는 계약서에 명시된 기간을 채우고 나서 그만두기로 결심했다. '디데이(사표 낼 날)'를 잡고 최대한 배워서 나가자고 마음먹자, 놀랍게도 하루하루가 달라졌다. 상사가 아무리 욕을 내뱉어도 예전처럼 화가 나지 않더라는 것이다. 상사가 호되게 나무라며 지적하는 사항들은 매우 중요했고 심지어 '달았다'. 자기 회사를 차린다 해도 직면할 문제들이었고, 그런 상황에서 지금 지적되는 오류들 없이 일을 처리할 수 있을지 매일 점검하면서 실력을 쌓았다. 결국 대단히 만족스럽게 사표를 냈고, 곧바로 규모가 비슷한 다른 직장에서 좋은 조건으로 2년 더 경력을 쌓은 후 자기 회사를 차렸다. 냉정하면서도 차분하게 평가한 후 마음과 태도를 바꾸면 '그곳'은 더 이상 '예전의 그곳'이 아니다.

직장에서만 퇴사하고 싶을까. 결혼 생활도 퇴혼(?)하고 싶을 때가 얼마나 많은가. 직업이 간호사인 내 지인은 남편의 외도를 알게 되어 이혼을 결심했다. 가장 중요한 양육권은, 혼인 파탄의 사유가 분명히 남편에게 있고 본인이 안정적인 직장에 다니니 큰 어려움 없이 해결될 것이었다. 남편이 진정성 있게 용서를 빌었고 무엇보다도 아이에 대한 마음만큼은 진심이어서 잠깐은 이혼을 망설이기도 했지만, 어렸을 때 아버지의 외도로 인한 상처가 남아 있는 내담자의 마음을 돌리기엔 역부족이었다. 다만 초등학교 3학년인 아이의 양육 문제가 수면 위로 올라왔다. 그동안은 3교대 근무 시 남편이 완벽하게 커버를 해주었기 때문이다. 어머니마저 병으로 일찍 돌아가셔서, 이혼 후 본인이 아프거나 직장에서 중요한 일정으로 집을 비우게 되면 아이를 믿고 맡길 데가 없다는 점도 고민거리였다. 하필이면 이때 스트레스성 위경련으로 입원하는 바람에 남편이 아이를 맡길 곳을 찾느라 우왕좌왕하면서 우려했던 일들이 가시화됐다. 아빠를 좋아하고 따르는 아이가 받을 충격도 걱정이었다.

　며칠 고민 끝에 내담자는 남편의 합의안을 받아들여 '버티기'로 했다. 협의 이혼을 하기로 하되 법적 신고를 최대한 미루고 부부가 각방을 썼다. 아이와 셋이 하는 일상적인 활동이라든지 꼭 필요한 가족 모임 등은 지속했지만 둘 사이의 접촉 시간은 최소화했으며, 오로지 아이를 안정되게 키우는 공동 목표에만 전념하고 남편의 개인 생활에 관여하지 않았다. 그렇게 10년을 버텨 아이가 부모의 문제를 상처 없이 수용하게 됐을 때 비로소 정식으로 이혼했다.

그렇다고 그녀가 무조건 버티기를 작정한 건 아니었다. 마음을 바꿔 언제라도 즉각 이혼을 원할 때, 그리고 남편이 언어적, 신체적 폭력을 행사하거나 강제로 부부관계를 시도한다면 직장을 그만두는 한이 있더라도 즉시 이혼을 감행한다는 마지노선을 갖고 있었다.

내가 그녀의 사정을 알게 된 건 이혼 1년 전쯤이었다. 넘치지도 모자라지도 않게 가정에서의 책임을 다 해내는 그녀가 존경스러우면서도, 직업적 노파심에 속에 있을 수 있는 상처를 이제라도 한 번 털어낸 후 최종 결정을 내리는 게 어떨지 권유했다. 하지만 얘기를 나눠볼수록 강한 영혼의 소유자라는 생각만 더해져 나중에는 그저 응원만 했다. 그녀는 이렇게 말했다.

"아버지에게 큰 상처를 받은 후 사실은 남자에 대한 신뢰를 갖기 힘들었어요. 남편을 만났을 때 그래도 믿어보자 했고, 또 이런 일이 생기기 전까지는 그동안 열심히 살아온 복을 받았다고 생각했지요. 하지만 결국 이렇게 되니 저는 그냥 그게 인생이라는 생각이 들었고, 어렸을 때 어머니가 해주셨던 것처럼 저도 자식을 보호하는 게 가장 중요했던 것뿐이에요. 저는 그래도 잘 컸고 결혼도 해봤고 좋은 직업도 가졌잖아요. 무얼 더 바랄 게 있을까요. 이제 아이가 그렇게 살도록 도와주는 게 제 남은 삶의 목표예요."

그녀는 말만 이렇게 한 게 아니라, 버티기로 결정을 내린 후 그때까지 크게 아픈 데 없이 잘 먹고 잘 잤으며 병원 일과 아이를 돌보는 일 외의 자기 시간도 알차게 보냈다. 남편이 잠시 우울해 보였을 때 사내 심리상담을 권하고 당뇨 전단계인 남편의 몸 상태에 맞춰 반찬도 신경 써서 만들어놓는 등 '동거인'에 대한 배려도 소홀히 하지 않았다. 노파심에 상담을 권했던 내가 머쓱해질 정도로 바다 같은 '마음 그릇'을 보여주었다.

버티기는 단순히 기술이 부족하거나 자신이 없어서 소극적으로 참는 것이 아니다. 오히려 정정당당하게 맞서는, 잔기술을 초월하는 쾌도난마의 방법이다. 기술 위의 기술, 또는 방법 위의 방법이랄까. 버티기는 문제 해결의 단순한 기법이 아니라 삶의 해법이 될 때가 있다. 버티기로 문제를 해결하는 사람들에게는 공통점이 있는데, 어느 날 갑자기 두려움이 사라진 것처럼 보인다는 것이다. 결심하기까지는 손을 떨기도 하고 까칠하게 마르기도 하지만 결국에는 역경을 극복한 영웅의 아우라를 뿜어낸다. 고통과 상처로 힘들어하는 내담자들을 상담하는 일이 절대 쉽지 않고 만족스럽게 끝나지 않을 때도 있지만, 이런 숨어 있는 영웅들을 간간이 만나게 되고 매번 무언가를 배우게 되는 이 직업에 감사하다.

그럼에도 아침에
일어나는 이유

아침에 눈을 뜨고는 너무 힘들어서 그대로 누워 있고 싶다. 그럼에도 침대에서 일어나는 이유가 있는 사람은 존재 이유를 가진 사람이다. 바로 '삶의 의미' 말이다.

삶의 의미를 찾는다는 것은 무엇일까. 상황이 전혀 변하지 않음에도 버틸 수 있는 삶의 목적이나 이유를 갖는 것이다. 정확하게 말하면 의미의 '재발견'이다. 이미 많은 의미를 갖고 그동안 살아왔겠지만 그럼에도 그리 행복하지 않았다면, 숨겨져 있는 더 본질적인 의미를 '재'발견해보자. 그러면 '그곳'이 이제 '새로운 곳'으로 바뀐다.

하지만 현실은 의미를 찾아낼 수 있기는커녕 '다 의미 없다' 라며 포기하고 싶은 때가 더 많다. 의미치료의 창안자로 누구보다도 의미의 중요성을 강조했던 빅터 프랭클은 이런 상황을 일찌감치 예견했는지, 삶이 무의미하다고 느끼는 건 병적인 게 아니라 건강한 것이라며 '의미에 대한 의지'를 포기하지 않도록 격려한다.

대학교에 막 입학했던 3월 말이었다. 동기들이 모여 있다는 방의 문을 열었는데 하늘 같은 고학년 선배들만 있는 게 아닌가. 너무 당황해서 나도 모르게 "어? 아무도 없네?" 하면서 문을 닫으려 하자 무섭기로 소문난 선배가 "야, 우리는 사람 아니냐? 아무도 없게?" 하며 호통을 쳤다. 장난친 것이었지만 그때 나는 쫄아서 줄행랑쳤다. '내가 찾는' 사람이 없다고 아무도 없는 게 아니듯이 내가 의미를 찾지 못했다고 삶의 의미가 없을 수는 없다. 그저 우리가 발견을 못 할 뿐이다.

다들 알다시피 빅터 프랭클은 이론적 차원을 넘어 자신의 실제 삶에서 의미의 중요성을 통찰했다. 포로 수용소에 장기간(어쩌면 죽을 때까지) 있을 것이라는 상황은 전혀 변하지 않았다. 다만 그 상황을 다르게 보고 새로운 목표를 가짐으로써 도저히 없을 것 같았던 의미를 '재발견'했다. 미래에 대중에게 강연하는 모습을 상상하면 지금 이곳의 고통은 증언할 소재로 바뀌었다. 프랭클은 하루하루의 고통을 더 용기 있게 직면하고 그것을 어떻게 이겨냈는지 온 마음으로 기억하고자 했을 것이다.

프랭클은 의미를 발견하는 방법 세 가지를 제안했는데, 첫 번째는 '운명적 상황에 직면하기'이고, 두 번째는 '세상으로부터 받은 것을 감사하기'다. 그리고 세 번째는 '세상에 주기'인데 여기에는 음악, 미술, 글쓰기 등 창조적인 일도 포함된다. 프랭클이 몸소 보여주었던 첫 번째 방법은 우리가 따라 하기에 벅찰 수 있지만 두 번째, 세 번째 방법은 충분히 해볼 만하다. 나 또한 이 방법들을 통해 프랭클이 단언했던 대로 우울증에서 벗어났을 뿐 아니라 행복감도 찾을 수 있었다. 그럴 수 있었던 것은 의미가 행복의 중요한 축▩이기 때문이다. 행복에는 즐거운 기분을 느끼는 상태를 뜻하는 헤도니아hedonia와 목적으로 채워진 삶을 사는 것을 뜻하는 에우다이모니아eudaemonia가 있는데, 에우다이모니아의 핵심이 '삶의 의미'다.

내담자들에게 의미 발견의 과제를 주면 인류 공영에 이바지할 아주 고상하고 성스러운 의미를 찾아야 할 것 같다는 부담을 많이 드러낸다. 하지만 어제보다 조금이라도 더 살 만하다 싶다면 충분하다. 앞에서 언급했던 파킨슨병에 걸린 약사분은 간헐적으로 '왜 살아야 하는지 모르겠다'는 우울감이 올라올 때마다 하나밖에 없는 딸자식의 결혼식에서 혼주석에 앉겠다는 '의미'를 부여잡았다. 우리는 그런 미래를 최대한 생생하게 상상하기 위해 머리를 맞댔는데, 이분이 특히 공들인 부분은 신랑 어머니와 화촉을 밝히는 장면이었다. 손이 떨려 촛불을 제대로 붙이지 못할 경우를 고려해 사돈과 함께 신랑석과 신부석 양측 촛대의 초에 불을 붙이는 연습을 머릿속에서 수도 없이 했고, 마침내 딸의 결혼식장에서 고운 한복 차림으로 해내셨다. 나중에 "딸 결혼식만 끝나면 더 이상 바랄 게 없을 것 같았는데 손주 녀석을 병원에서 안아보는 장면, 손주 돌날 한복 입고 사진 찍는 장면이 계속 유혹하더라고요. 사람 욕심이 끝이 없지 뭐예요?"라고 말하며 호쾌하게 웃으셨다. 나는 "무슨요? 욕심이 아니라 삶의 의미가 끝이 없는 거죠"라고 말하면서 진심으로 축하드렸다. 잊지 못할 날이었다.

명문사학재단의 중견 행정 직원이었던 또 다른 남성 내담자는 자식이 재단 산하 사립대에 진학하면 등록금이 무료라는 '의미'를 부여잡고 길고 긴 직장 생활을 버텨냈다. 그런데 수능이 끝난 후 행복한 고민에 빠져버렸다. 아이가 세간에서 그보다 높게 쳐주는 국립대에도 합격해버린 것이다. 잠시 고민했지만, 아이가 바라는 대로 국립대에 가는 걸로 결정했다. 국립대 등록금이 싼 이유도 있었지만, 내담자가 직장을 버티는 동안 장학금 제도라든지 학자금 대출 제도가 너무도 좋아졌고 모아둔 돈도 꽤 되었기 때문이다. 언젠가 퇴사할 경우에 대비해 월급을 쪼개고 쪼개서 저축했던 돈이었다.

비단 자식의 성공만일까. 버티는 동안에는 자신에 대해 '초라하고 용기도 없는 사람'이라는 생각이 들 때가 많았으나, 어느새 사원들에게서 '관대하고 너그럽고 아랫사람 마음을 가장 잘 헤아려주는 상사'로 인정받고 있었다. 용기가 없기는커녕 매일매일 용기를 냈던 분이었다. 그 용기로 홀로 버티며 외풍이 새어나가지 않도록 한 덕에, 아무것도 몰랐던 순진한 자식이 공부에만 전념해서 좋은 성적을 냈으리라. 눈물과 땀, 웃음이 섞인 심장 뻐근한 인생 승리였다.

두 내담자의 인생이 풀린 것에는 다른 요인이 두 개 더 있다. 하나는 이들의 삶의 의미가 인간에 대한 사랑과 맞닿아 있었다는 것이다. 두 분 모두 대상이 자식이긴 했지만, 자식이 아니더라도 타자에 대한 사랑을 기반으로 삶의 목적을 찾은 이들 중 질병이나 스트레스에 쉽게 무너지는 사람을 본 적이 없다. 앞에서도 말했듯이, 어제보다 조금이라도 살 만하면 어떤 의미든 살아갈 힘을 주지만, 여기에 숭고함이 가미되면 생명력이 훨씬 강해지는 것 같다. 엄마들이 혼자 밥 먹을 때는 대충 먹지만 자식이나 다른 가족의 밥을 준비할 때는 풍성하게 식탁을 차리는 것과 같다. 타자에 대한 사랑은 너른 생명력을 피워낸다.

또 하나는 책임감이다. 빅터 프랭클은 삶에서 의미를 찾아내지 못하고 책임감을 느끼지 못할 때 노이로제에 걸린다고 말했는데, 그의 말처럼, 의미만 찾아서는 안 되며 책임 의식을 갖고 그 의미를 구현하는 노력을 할 때 비로소 온전한 삶을 살 수 있다. 두 분 모두 얼마나 책임감이 강했는지 굳이 말할 필요가 없다.

용기와 의미와 책임감은 인생에 깜깜한 밤이 찾아왔을 때 길을 찾도록 안내하는 삼각별이다. 힘들더라도 별을 지표 삼아 묵묵히 걸어가다 보면 어느새 길이 환하게 보일 것이다. 그리고 필경 웃게 될 것이다. 아니, 감동이 북받쳐 울게 될 것이다.

의미 찾기는 최대한 오랜 시간을 들여 차분하게 하기 바란다. 한 가지 신기한 점이라면, 내 경험으로든 내담자들을 통해서 보든 그냥 어느 순간에 의미가 딱! 떠오른다는 것이다. 빅터 프랭클이 미래에 대중에게 강연하는 장면을 딱 떠올렸듯이. 올바로 발견하기만 하면 그 의미의 심상만 반짝반짝 빛나고 나머지는 흐릿해진다. 위의 내담자들 사례로 얘기해보자면 '딸 결혼식장의 혼주석에 앉아 있는 모습' '아들의 대학교 입학 확인서를 확인하며 기뻐하는 모습'이 사진처럼 뇌에 각인되고 나머지는 죄다 배경으로 밀려난다. 이 '초점화'가 초집중의 상태를 만들어, 힘들고 포기하고 싶어지고 무력해질 때라도 계속 살아가도록 이끌어주는 듯하다.

　의미 찾기가 힘들 때는 '의미 없는' 것들을 먼저 걸러내는 방법도 있다. '이 일에, 혹은 이 사람에게 남은 생애 동안 에너지를 쓸 필요가 있을까?' 하고 자문해보면 거르는 게 어렵지 않을 것이다. 한 내담자는 그렇게 하다 보니 의미 있는 게 하나도 남지 않더라며 쓸쓸해했는데, 잠시는 그럴지 몰라도 오히려 잘된 일이라고 말해주었다. 이참에 진짜 의미를 찾으면 되지 않겠는가. 혹시 당신도 그렇다면, 거르고 나면 남지 않을 '의미 없는' 일들에 매달림으로써 그간 소진되고 힘들었을 테니 그런 자신을 먼저 위로해주기 바란다. 그다음 진짜 의미에 대해 성찰해볼 수 있기를.

중꺾마:
중년의 꺾이지 않는 마음

○

몇 년 전 대한민국에서 가장 많이 쓰인 유행어로 '중꺾마(중요한 것은 꺾이지 않는 마음)'가 있었다. 이를 '중년의 꺾이지 않는 마음'으로 바꿔 중년을 헤쳐나가는 마음가짐으로 삼자고 제안한다. 꺾이기 쉬운 너무도 많은 일이 일어나는 중년이기에.

흔들릴지언정 꺾이지 않는다

버티기로 마음먹는다 해도 얼마나 수시로 흔들리는지 모른다. 가슴께 평생 견고하게 달려 있었던 마음이라는 게 사소한 일

107
2부 · 소통 진화: 컴포트 존에서 버티기

로도 흔들려 무릎 아래로 쿵! 떨어졌다가 머리 위로 칙! 치솟았다 한다. 흔들린다는 건 지조를 잃고 자신감이 하락하며 귀가 얇아졌다는 뜻이니, 그간 지녀왔던 신념이나 가치관이 퇴색하면서 속물근성이 나오기도 하고 이를 보상하려는 지나친 이상화와 극한의 부정을 왔다 갔다 한다. 이러니 중년의 품격은커녕 교묘함과 간사함, 비굴함이 슬며시 비어나와 자기 환멸이 일기도 한다. 무슨 대단한 일을 하며 그런다면 봐주기라도 하지, 팔자주름이 깊어진다든지 기미가 보일 때처럼 하찮은(?) 외모의 변화 앞에서마저 인생 다 산 듯이 허걱! 할 때는 누가 알까 민망하다.

흔들리기 시작하는 초반에는 미성숙함과 유약함이 탄로나는 것 같아서 거북하지만, 워낙 많이 흔들리니 태세를 바꿔야 한다. 흔들리는 건 어쩔 수 없다. 그저 꺾이지만 말자고. 오히려 흔들리는 건 솔직한 것 아니겠는가, 허허. 팔자주름에 흔들리는 건 외모에 집착해서가 아니라 주름이 시사하는 늙음과 그 끝에 이어지는 죽음이 부지불식간에 자각되어서, 그리고 이제부터는 내가 통제하지 못하는 게 산더미같이 생길 것 같은 불안 때문이지 않겠는가, 하하. 흔들림을 수용하는 게 오히려 성숙한 것이고 수용 다음의 행동이 더 중요한 게 아니겠는가, 아무렴.

1971년 크리스마스이브, 17세 소녀 율리아네 쾨프케는 독일 출신 조류학자인 어머니와 다른 90명의 승객과 함께 페루 리마에서 독일로 가는 비행기를 타고 아마존 정글 위를 날고 있었다. 갑자기 무시무시한 폭풍우로 전기를 맞은 비행기가 3천 미터 상공에서 추락했고 율리아네만 다우림에 떨어져 기적적으로 의식을 회복했다. 그녀는 쇄골이 부러지고 다리에 상처가 나 구더기가 슬고 햇볕에 타서 피가 날 정도였음에도, 11일이나 독개구리와 악어가 우글거리는 정글 속을 걸어 다니다가 드디어 오두막에서 세 명의 나무꾼을 만나 극적으로 구조되었다.

　　그녀의 이야기는 전작 『나는 나답게 나이 들기로 했다』[16]에서도 잠깐 언급했는데, 그때는 미디어를 통해 알려진 에피소드를 중심으로 치열한 삶의 의지와 놀라운 생명력을 부각하는 맥락에서 피상적으로만 다루었다. 그러다가 비행기 사고 40년 후 율리아나가 직접 썼다는 책을 발견하여 그녀가 해주는 이야기를 곧바로 들을 수 있겠다는 반가움에 얼른 읽어보았다. 하지만 『내가 하늘에서 떨어졌을 때』[17]에 적힌 그녀의 삶은 예상과 달리 전개되었을 뿐 아니라 이루 말할 수 없는 고초로 가득 찼다.

　　예상대로라면 기적적인 생환자로서 칭송과 환대를 받을 것이었고, 실제로도 한동안 그녀는 전 세계 희망의 아이콘으로 불리었다. 그다음 예상대로라면, 비행기 사고의 충격으로 인한 '지연성' 외상후 스트레스장애가 나타난다든지 엄마의 죽음으로 인한 슬픔과 상실감 등이 올라올 것이었고, 이 또한 실제로 그녀가 겪은 일이었다. 그래도 그녀가 정글을 헤매다가 모터보트를 발견했을 때 탱크에 든 휘발유를 상처에 부어 구더기를 죽일 만큼 놀라운 정신력의 소유자임이 드러났기에, 누구보다도 어려움을 거뜬히 극복할 거라고 확신했다.

반면 율리아네에게 생존이 기쁘기만 한 일이 될 수 없었던 것은 예상과 너무 달랐다. 홀로 살아남았다는 사실이 오히려 죽은 자들에 대한 부채감과 고통을 겪게 했으며, 밀림 전문가인 엄마 대신 왜 자신이 살아남았는지 살아야 할 이유를 끊임없이 찾아야 했다. 가족을 잃은 다른 유족들의 원망과 부상자들을 챙기지 않고 혼자만 살아남았다는 터무니없는 루머로 인해 괴로워했고, 하루아침에 얻게 된 원치 않는 유명세로 온갖 가십의 희생자가 되었다.

가장 충격적인 사실은 아내를 잃은 채 절망에 빠진 아버지와 서먹해졌다는 것이다. 딸의 생환을 기뻐하기보다 아내의 죽음을 더 슬퍼하고 괴로워하는 아버지를 볼 때의 심경이 어떨지 가늠조차 안 된다. 하물며 율리아네가 밀림을 헤치면서 삶을 포기하지 않은 것은 "밀림 속에서 길을 잃으면 흐르는 물을 찾아서 따라가야 해. 그러면 사람들이 사는 마을이 나올 거야"라는 아버지의 목소리 때문이었는데 말이다.

율리아네의 아버지 또한 외상후 스트레스장애에 시달렸을 가능성이 높다. 아내의 시체라도 찾겠다는 마음으로 밀림에서 살다시피 하느라 슬픔을 발산할 기회가 없었던 듯하다.

율리아네는 아버지와 다른 사망자들의 유가족이 법석을 떠는 동안 "멀찍이 물러나 있었다. 무엇보다 내 마음의 평화를 지키고 싶었다"라고 했다. 또한 나중에 어머니(사실은 어머니로 추정되는)의 시신이 발견되었을 때도 울지 않았고 잠만 잤다. 학교 졸업 파티에 참석하겠다고 우긴 탓에 안전한 항공을 못 타 엄마가 죽게 되었다는 죄책감과 후회를 느끼긴 했지만, 미안함을 표현하지 못했고 의식하지도 못했다고 한다. 엄청난 스트레스에 대한 반응의 하나인 경직freeze 상태에서 자신을 보호하고자 했던 것이었지만, 아버지의 눈에는 냉정하고 몰인정해 보였던 것 같고 그렇게 오해받을 만한 잡다한 사건들도 있었다. 하지만 너무 어렸던 그녀는 아버지의 마음을 헤아릴 수 없었기에 상처가 곪을 대로 곪았을 것이다.

책을 읽으면서 그녀의 삶이 중년기의 애환을 빼다 박은 것 같다는 생각이 내내 들었다. 그저 열심히 살아낸 것뿐인데 욕을 먹고 온갖 구설수에도 휘말리니 말이다. 하지만 율리아네는 그 모든 어려움을 뒤로한 채 용기를 내어 자신의 고통과 성장을 공개했다. 그녀는 "나는 오늘 쉰여섯이 되었다. 과거를 돌아보기 좋은 나이다"라고 말한다. 그리고 치유되지 않은 해묵은 상처에 맞서고 사람들과 나누기에 좋은 시기라는 말도 한다. 그녀가 자신이 어려움을 '극복'했다고 하지 않고, '치유되지 않았고' '상처에 맞선다'라고 말하는 게 더 마음을 건드린다.

그녀는 생물학자였던 부모님을 이어 동물학자로 활동하며 자신이 떨어졌던 밀림을 지키기 위해 평생을 바치고 있다고 한다. 율리아네는 어떻게 꺾이지 않았던 것일까? 책에서 어렴풋이 답을 찾을 수 있다.

> 3천 미터 상공에서 아래로 떨어졌을 때 내 목숨을 구한 것은 바로 숲이었다. (……) 추락 사고 후 비가 쏟아지는 밀림에서 절망에 빠진 채 한없이 외로운 밤을 보내던 때 나는 살아남을 수 있다면 내 삶을 자연과 인간을 섬기는 의미 있는 대의에 바치겠다고 결심했다.

그녀는 삶의 방향을 다른 차원으로 틀었다. 세상 사람들로부터 거칠고 모질게 다루어졌지만, 그들에는 심지어 아버지도 포함되었지만, 사람들에게 맞서는 대신 더 큰 대의를 찾아 헌신했다. 사실은 사람들로부터, 무엇보다도 가족으로부터 위로받고 싶었을 테지만, 서럽고 화나는 감정을 승화시켜 자연에 고마워하며 은혜를 갚으려 했다. 숱하게 흔들렸지만 꺾이지 않았다.

이것에 흔들리는가? 저것으로 마음을 옮기자. 저것에도 흔들리는가? 저 저것을 애정하자. 흔들릴 때마다 여기가 끝인 것 같고 다 그만두자는 생각이 들 것이다. 하지만 아직도 수십 년 더 당신의 이야기를 쓸 것이 있다. 강인한 정신력의 소유자인 율리아네조차 40년이 걸렸다니, 서두르지 말고 멈추지도 말고 계속 당신의 이야기를 써보라. '얼마나 힘들었던지' 하는 것은 매력 없다. 얼마나 많은 사람이 그러겠으며 당신보다 몇십 배 더 많이 힘든 사람도 부지기수다. '그럼에도 어떻게 살아냈는지'를 미화美化 없이 솔직하게 쓰는 게 매력 있다. 하루하루, 오늘을 어떻게 버텼는지 기억하고 적어보자. 당신의 삶과 세상을 변화시키는 마력 같은 이야기를 써보도록 하자. 그 마력은 우선 당신을 살릴 것이고 또 누군가에게 살아갈 용기를 줄 것이다. 흔들릴지언정 절대 꺾이지는 말자.

우리 인생의 전반기는 프로이트에게 장악되었고 후반기는 융의 그늘하에 있다는 말이 있다. 지그문트 프로이트의 정신분석 이론을 비롯한 대부분의 심리학 이론이 생애 초기에서 성인이 되기까지의 상태에 초점을 두었던 반면, 칼 구스타프 융은 성인기 이후의 성격 발달을 깊이 분석했기에 중년기 심리 문제를 다룰 때 융의 말들은 바이블처럼 인용된다.

그중 여기서 이야기할 것은 '페르소나'다. 심리학에 조금이라도 관심 있는 사람들은 이 용어를 일상 대화에서도 '누구나 자기만의 페르소나가 있는 것 같다'라는 식으로 자연스레 사용할 정도로 잘 알고 있으며, 2019년 BTS의 앨범 제목으로 나오면서 더 많이 거론됐다.

복습 삼아 짧게 살펴보자면, 본래 뜻은 '가면'으로 우리가 세상에 드러내고 싶어 하는 모습을 뜻한다. 융은 사회적 자아, 외적 자아라는 표현을 썼다. 페르소나는 사회인으로서 살기 위해 가질 수밖에 없는 부분이지만 진정한 자기 모습이라고 할 수는 없다. 이 때문에 융은 우리가 의식하는 페르소나와 의식하지 못하는 내적 자아(그림자)를 수용하고 통합해서 진정한 자기 자신이 되어야 한다고 말했다. 내적 자아, 즉 '그림자'는 우리가 보려 하지 않는 부분을 말한다.

진정한 자기 자신 되기, 중년기에 해야 할 너무도 중요한 심리적 과업이 아닐 수 없다. 그래서 '페르소나'와 '그림자'는 중년기 이후 더 생각할 거리를 준다. 융 또한 중년기를 인생의 전환점으로 부르며 이 시기를 통해 더 깊은 자아 인식을 이루어야 한다고 말했다.

융의 말은 젊은 시절에 이론으로 배울 때보다 본인이 직접 중년의 위기를 겪고 있을 때 확! 스며든다. 융이 자신의 중년기 변화를 서술한 것으로 유명한 『칼 융 레드 북』[18]은 그가 1913년부터 1930년대 중반까지 작성한 자아 탐구와 내면의 변화를 기록한 개인적인 기록물이다. 1913년은 융이 40세가 되어 중년기가 막 시작된 시기인 동시에 프로이트와의 관계가 최종적으로 단절된 때였다. 프로이트 천하였던 때였으니 학계에서나 직업적으로 고립됐을 것이고, 당시 환상과 환청에 많이 시달렸던 것으로 봐서는 심리적으로 크게 힘들었음을 어렵지 않게 추측할 수 있다. 앞의 책 16장 「세 번째 밤」에서는 "나의 영혼이 나에게 겁을 주듯 급하게 속삭였다"라고 하더니 바로 다음 장인 17장 「네 번째 밤」에서는 "나의 영혼이 밝은 목소리로 나에게 말한다"라고 썼듯이, 그도 우리와 똑같이 감정과 생각이 왔다 갔다 하며 혼란스러워했음을 알 수 있다. 비록 나중에 환상을 집단 무의식이나 연금술 등의 개념으로 통합하긴 했지만, 처음에는 예민하고 불안했을 것이다. 그 또한 우리처럼 '중년기 우울증'을 분명히 겪었을 것이며, 괴로움에서 벗어나고자 자신의 중년기 변화를 기록한 결과 지금 우리가 알고 있는 주옥 같은 이론들을 만들었다고 볼 수 있다. 그래서일까, 그의 말은 피상적인 이론 수준이 아니라 자신의 체험에서 비롯된 '진짜' 육성으로 들린다.

페르소나를 서서히 벗고 그림자와 통합하는 것은 젊었을 때보다 지금 중년기에 더 필요할 뿐 아니라, 잘할 수 있는 일이다. 솔직히 젊었을 때는 페르소나를 오히려 '열심히' 만들고 그 가면을 빈틈 없이 써야 할 때이지 않겠는가. 사회인으로서 첫발을 내밀고, 그 안에 어울리며 '인싸'가 되기 위해서는 누구라도 가면을 안 쓸 수 없다. 마치 몸에 안 좋다는 걸 알더라도 사회생활을 위해 어쩔 수 없이 술을 마시는 것처럼. 그런 시기에 "이제 가면은 그만 벗고 진정한 자기 모습을 찾으십시오"라는 말이 누군가에게는 돌파구가 되겠지만 대부분에게는 현실성 없이 들릴 것이다. 외려 "내가 가면을 벗으면 당신이 월급 줄 테요?" 이렇게 반문할 것 같다.

하지만 중년기 이후는 상황이 다르다. 페르소나도 만들 만큼 만들었고 쓸 만큼 썼다. 그리고 그 페르소나 때문에 지칠 대로 지쳤다. 시기적으로나 심리적으로나 변화의 계기가 자연스레 만들어진다. 그럼에도 자신의 페르소나를 완전히 벗는 건 쉽지 않을 것이다. 인간은 안전 중시 성향이 크므로 변화보다는 유지를 더 원한다. 무엇보다도, 그 페르소나 덕분에 그나마 이만큼이라도 살게 되었다고 간주해 더더욱 변화할 마음이 들지 않는다. 이런 면에서 중년의 '흔들림'은 페르소나를 벗고 그림자와 통합을 하기 위한 매우 중요한 발단이 되는 셈이다. 융의 표현으로 한 번 더 말하자면 "페르소나의 집단적 가치들과 자아 그림자의 양태에 갈등이 일어나는"[19] 것이다.

흔들려야 문제를 인식하고 변할 마음이 생긴다. 지진 안전지대라고 알려진 우리나라도 최근 몇 년 새 이곳저곳에서 땅이 흔들리고 있다. 처음에는 한반도에 지진이 일어난 것만으로도 놀라고 불안해했지만, 어차피 지구의 국가들은 깊은 땅 밑에서는 다 연결되어 있으니 영원히 안전지대일 수 없다는 사실을 받아들여야 한다. 흔들려야 항구적인 안전은 없다는 것을 인지하고 대책을 마련하니, 이럴 때의 지진은 장기적으로는 유익하다. 마음의 지진 또한 나쁘기만 한 게 아니라 당신이 진정한 자기 자신으로 살도록 하는 계기가 된다. 그 지진이 심할수록, 즉 흔들림이 셀수록 오히려 진정한 자신을 찾는 시간을 빨리 갖게 된다. 흔들려야 '진짜'가 될 수 있다. 그러니 흔들린다고 너무 심하게 당황하거나 불안해하지 말자. 얼마간의 당황스러움과 불안은 피할 수 없을지라도.

중년기를 '인생의 오후'로 비유했던 융은 아래와 같이 대단히 멋진 말을 남겼다.

인생의 오전의 계획으로 오후를 살 수는 없다. 오전에 대단해 보였던 것이 저녁에는 중요하지 않게 될 것이며, 오전에 진실이었던 것이 저녁에는 거짓이 될 것이기 때문이다.

그렇다. 우리는 인생의 오후에 들어섰기에 오전과는 다른 계획이 필요하다. 사실 오전에는 대단해 보이고 진실로 보였지만 오후에는 달라진다는 것을 진즉 알고 있었다. 받아들이지 못했을 뿐. 받아들인 후 해야 할 일이 부담스럽고 성가셔서 일부러 모른 척하기도 했다. 인생의 오전에 있는 사람에게 오후에는 다른 계획이 필요하니 미리 준비하라고 하는 것은 적절하지도 않고 설득되지도 않겠지만, 오후에 들어섰다면 오전의 가치에 매달려 머뭇거릴 새가 없다. 그 필요성을 가능한 한 빨리 느끼고 더 늦기 전에 준비하라고 이토록 흔들리는 것이다.

흔들려야 털고 갈 수 있다. 때로는 흔들리는 것만으로도 문제가 해결된다.

섬진강을 끼고 있는 지방 도서관에 '마음 치료' 주제로 강연을 하러 간 적이 있다. 주말에 개최되어서인지 모녀, 모자, 부부 등 가족 동반으로 많이 오셨는데, 강연 후 독자들과의 대화도 30분 이상 여유 있게 배정되어 아주 화기애애한 분위기로 진행됐다. 한 어머니가 20대 초반으로 보이는 딸의 손을 잡고 "딸이 그동안 우울증 치료받고 많이 낫긴 했어요. 한사코 집 안에만 있으려 해서 내가 여기 가자 저기 가자 끌고 다니는데, 간섭하지 말라면서 짜증을 내곤 해서 속상해요. 자기가 알아서 운동도 하고 그러면 내가 그러겠어요? 나도 편히 살고 싶지요"라고 말하면서 정다운 눈길로 딸을 흘겨보셨다. 참석자들이 이런저런 칭찬과 격려와 충고를 하던 중 50대 중반쯤 되어 보이는 여성이 큰 소리로 "어휴, 따님은 자신이 얼마나 복이 많은지 너무 모른다. 부럽네요" 하며 말문을 여시더니, "나는 우울했을 때 가족 누구도 관심을 보이지 않았어요. 병원 가서 약 먹으라는 말만 하지 누가 데리고 다녀? 진짜 너무 힘들었어요"라고 하셨다. 머리에는 두건을 쓰고 앞치마 모양의 원피스를 입으셨는데, 색깔과 디자인이 예사롭지 않고 기품이 넘쳐 패션 감각이 보통이 아닌 분이라는 것을 알 수 있었다. 나는 "그렇게 힘드셨는데 어떻게 버티셨나요?"라고 물으며 대화를 이어갔다. 그분은 "가족 누구도 도와주지 않아서 지축이 흔들리는 것 같고 인생 헛살았다는 생각이 들더라고요. 너무 외로워서 죽어버리려고 섬진강에도 몇 번 갔죠. 그렇다고 죽을 수도 없고, 가족을 떠날 수도 가족을 변화시킬 수도 없으니, 마음 붙일 것을 찾다가 옷, 가방, 두건 같은 걸 만들기 시작했어요. 그냥 외로움을 좀 벗어보려 했는데 제가 손재주가 있지 뭐예요? 제법 결과물이 좋았고 소문이 나서 작은 가게도 차리게 되었죠"라고 말하셨다. 참석자들이 환호와 박수를 보냈고 앞 줄에 있던 어떤 분은 천 가방을 들어 보이면서 "이것도 저 가게에서 산 거다"라고 속삭이셨다. 유쾌했던 건 옆자리에 남편 분이 동석하셨다는 사실이다. 아내가 가족에 대한 불평을 토로할 때 머리를 만지며 머쓱해하면서도 끝까지 남아 있으셨다.

한때 지축이 '흔들릴' 정도로 불안하고 자살 생각까지 했던 그분의 인생 승리담은 그날 많은 사람에게 희망과 도전의 마음을 심어주었다. 흔들릴 때는 죽음을 생각할 정도로 힘들었지만, 그 계기로 자신에게 있는 줄도 몰랐던 능력을 꽃피울 수 있었으니 참 운명적인 흔들림이었다 싶다.

흔들림을 거부하고, 즉 흔들림 자체를 인정하지 못한 채 계속 가족들에게 의존하여 해결해달라고 징징댔다면, 인생 중반기를 넘어 맞게 된 화양연화의 시간을 가질 수 없었을 것이다. 그러나 그분은 자신과 가족에게 일어난 마음 지진을 수용했다. 그러자 인생이 달라졌다. 멋진 작품도 작품이지만 남편분이 동석하신 데서 가족의 마음도 얻어냈다는 것을 알 수 있다. 그날 시간이 없어서 이런 얘기까지는 못 드렸지만, 지금이라도 아시고 더 행복하게 사시길 바란다.

이왕 흔들리는 것, 마음을 단단히 먹고 제대로 흔들려보자. 지진이 났을 때 "안돼, 그건 흔들지 마" 할 수 있는가? 마음의 지진도 마찬가지다. 몸이 흔들리니 상한 마음을 예전만큼 보듬지 못하게 되고, 마음이 흔들리니 관계도 흔들린다. 여전히 사랑하지만, 배려와 존중, 때로는 헌신으로 커버해야 하는 부분이 구멍나서다. 힘에 부쳐 욱하다 보면 심지어 이해타산이 전혀 없는 견고한 우정마저도 흔들린다. 지진이 나면 반경 수십 킬로미터의 지역까지 온통 흔들리듯, 마음의 지진이 났을 때도 나를 중심으로 한 생활 반경 대부분이 흔들린다. 외롭고 우울해지는 게 당연하며 삶이 잔인하다고 느껴진다.

하지만 당신이 진정한 자신으로 살도록 일어나는 일이다. 삶이 온건하고 친절하며 정중하다면 굳이 변할 까닭이 없다. 우리가 비교적 평온하게 살 때 변화를 꾀했다면 삶의 잔인함을 경험하지 않았을 수 있다. 잔인해야 치를 떨고 털든 해결든 한다. 이제라도 그동안 무엇을 놓쳤는지 곰곰이 헤아려 당신 인생의 주인으로서의 위상을 정비하면 흔들림이 멈춘다. '진짜'로. '섬진강'에서 물속을 들여다보지 말고 강변을 달리면서 당신의 마음속을 들여다보라.

그럼에도 즐겁게:
일일일소

버티기, 힘들지만 그럼에도 즐겁게 할 일이다. 즐거움으로 마음의 무게를 더는 시간을 자주 가져야 진정한 컴포트 존을 완성할 수 있다. 일주일에 기분 좋은 일을 최소 한 번 이상 끼워 넣어 숨을 돌릴 것을 권하며, 그것도 어렵다면 최소한 일일일소 一日一笑는 해야 한다.

오늘 하루를 만족하게 잘 보냈을까? 일일일소는 그 최소 기준이다. 잠자는 시간을 빼고 얼추 16시간 동안 단 한 번도 웃지 않았다? 웃을 수 없다? 아무리 시간의 선물이 우리를 기다리고 있다 해도 이래서는 선물 받기 힘들다. 귀한 손님이 올 때

123

대문을 활짝 열어 맞이하듯이, 일소☜라도 하며 마음의 빗장을 열고 선물 받을 준비를 하자.

즐겁게 버텨야 하는 이유는 우리의 의지력에 한계가 있기 때문이다. 삶의 의미를 재발견해서 흔들려도 꺾이지 않고 전진하겠다는 의지가 강할수록, 오히려 어느 순간 '자아 고갈'이 생길 수 있다. 자아 고갈은 미국의 심리학자 로이 F. 바우마이스터가 제시한 개념으로, 의지력에는 제한된 양이 있어서 이것을 모두 소모하게 되면 자제력을 잃는다는 뜻이다. 그렇게 되면 아무리 멋지고 좋은 목표를 세워도 긴 중년기를 버티기 힘들 것이다.

로이 F. 바우마이스터와 존 티어니의 공저인 『의지력의 재발견』[20]에는 저혈당 환자들이 보통의 사람에 비해 집중과 부정적 감정 조절에 더 큰 어려움을 겪고 불안과 불행을 더 많이 느끼는 경향이 있으며, 범죄자들이 낮은 포도당 부하율 때문에 자기 절제력이 떨어져 범죄를 저지른다는 연구 결과가 나온다. 저자들은 포도당이 자아 고갈로 인해 초래된 뇌의 변화를 회복시킨다고 하면서, 포도당이 의지력의 핵심이라는 결론을 내렸다. 일하는 중에 초콜릿이나 달짝지근한 커피가 당기는 게 다 이유가 있다는 것이니, 앞으로는 괜히 죄책감을 가지거나 눈치 보지 말고 "자아 고갈을 막기 위해서라고" 하면서 당당히 먹어도 되겠다는 재미있는 연구다.

하지만 그 전에, 포도당이 의지력에 영향을 미칠 수는 있지만 그 효과가 생각보다 크지 않거나 상황에 따라 다르므로 단순히 포도당을 섭취한다고 해서 의지력이 무조건 회복되는 건 아니라는 후속 연구들도 마저 고려해야 한다. 포도당이 의지력에 미치는 영향이 생각보다 크지 않은데 '자아 고갈'되지 않기 위해 단 음식을 마구마구 먹다가 행여 당뇨병에 걸리면 안 되니 말이다.

진짜 핵심은, 사는 데 단맛이 부족하면 말 그대로 인생이 쓰게 느껴져 의지력이 꺾일 수 있다는 사실이다. 단맛이 부족하지 않도록 하되, '입'을 달게 하는 음식은 하루 2회 정도로만 음용하고 '마음'을 달게 하는 데 더 신경 쓰자. 중요하고 진지한 일에 전념하는 때일수록 '삶의 단맛'을 끊으면 안 된다. 일부러라도 웃으면서 쉬는 시간을 가져야 한다.

즐거움을 느끼거나 큰 보상을 받을 때 분비되는 것으로 알려진 도파민에 대해 새로 밝혀진 사실은, 기분 좋고 행복감을 느끼는 일을 실제로 했을 때뿐만 아니라 '즐거움을 기대할 때'도 분비된다는 점이다. 지금 상황이 즐거운지 아닌지, 또는 행복한지 아닌지도 중요하지만, 즐거움과 행복을 기대하고 어떤 활동에 몰두하는 것만으로도 도파민은 충분히 분비된다. 결과

보다 과정이 '중요하다'도 맞지만 '즐겁다'도 맞다.

결혼으로 종결되었을 때보다 한창 뜨겁게 연애할 때 더 즐 겁고 설레지 않던가. 삶과도 연애를 다시 시작해보자. 지긋지 긋한 몸의 증상과 통증은 알아서 지나가라 하고(반드시 지나간 다) 새롭게 내 마음을 달뜨게 하는 것, 내 마음 붙일 것을 찾아 시간을 줘보자. 작정하고 시간을 내야 한다는 뜻이다. 우울할 수록 가만히 앉아 있기만 하면 부정적인 생각이 꼬리를 물고 일어난다. 주인을 싣고 사막을 건너는 낙타의 목을 수시로 축 여주듯이 힘들게 삶을 갱신하느라 바쁜 당신의 뇌에 즐거움을 축여주자.

앞의 사례에 나온 간호사님은 즐거움의 범위가 무궁무진하 다는 걸 보여주었다. 법적 이혼을 유예해놓긴 했더라도 이혼은 기정사실이었다. 비록 남편은 아내의 마음이 바뀌었으면 하는 희망을 간간이 비추기도 했지만, 본인의 결심은 확고해서 집 안의 크고 작은 문제들을 남편 도움 없이 처리하는 것을 당연 시했다. 전기, 수도, 기구 등의 고장 수리를 직접 하는 것은 기 본이고 직장 동호회에서 간단한 자동차 수리법도 습득했다. 이 런저런 수리에 손대다가 내친 김에 주택관리사 자격증까지 땄 다는 말을 들은 내가 "도대체 어디까지 멋있을 겁니까?"라고 하자 그녀는 덤덤한 표정으로 "억지로 힘들게 한 게 아니에요. 재미있어서 한 거죠. 이상하게도 시험을 잘 보는 편이고요"라고 말할 뿐이었다.

입을 헤 벌린 채 반한 표정으로 있던 내게 그녀는 "간호사가 죽을 때까지 일할 수 있는 최고의 직업이라 생각했는데, 코로나 사태 때 의료진이 먼저 격리되었던 일을 겪고 보니 다른 자격증을 하나 더 갖고 있어야겠단 생각이 들더라고요. 애가 완전히 독립하기 전에 일을 못 하게 되면 안 되잖아요" 하며 또 담담하게 말했다. 다 계획이 있으신 분이었다. 나는 "주택 관리 말고 국민 관리하는 국회로 가시면 안 될까요?"라고 물었는데 그녀가 "애 독립하면 생각해볼게요"라고 해서 둘이 마주 보며 한참을 웃었다. 모처럼 즐거운 시간이었다.

이분에게 즐거움은 일반적으로 생각하는 쾌락적이고 신나는 일이 아니라 무언가를 새로 배우거나 몰입하는 것이었다. 이런 즐거움도 얼마든지 환영이다. 일견 심심하고 밋밋해 보일지 몰라도 질리지 않고 오래 할 수 있으며, 풋풋하면서도 견고한 즐거움이 느껴진다. 얼큰한 라면도 맛이 있지만 심심한 콩국수도 얼마나 맛있는가.

사람들에게 즐거운 활동의 필요성을 말하면 귀담아듣지 않는다. 그것도 치료냐며 의심쩍어한다. 즐거운 활동 자체가 치료는 아니지만 치료 효과를 업up한다. 돌덩이같이 무거운 감정이 마음을 누르는 상황을 해결하는 방법들은 대체로 시간이 오래 걸린다. 원인부터 찾아 하나하나씩 점검해야 하기 때문이다. 그런데 즐거운 활동을 하면 즉시 기분이 좋아진다. 그 활동을 끝냈을 때 기분이 다시 원래 상태로 돌아갈 수도 있겠지만 적어도 처음보다는 나아진다. 기분이 나아지면 에너지도 덩달아 오르니 근본적 치료 작업이 좀 더 수월하게 이루어진다. 심리치료의 목표는 결국 행복해지는 것일 텐데 그 목표를 꼭 어렵게만 이룰 것은 아니다. 즐거운 활동을 하면서 좋은 기분을 자주 느끼는 것도 행복에 가까이 가는 방법이다. 해보지 않고는 모르는 감정인데 꼭 경험해보시기 바란다.

"즐거운 활동이요? 까짓거 시간 날 때 아무거나 하면 되는 거 아니에요?" 이렇게 말하는 사람들도 많은데 이왕 하는 거 리추얼로 만들어 제대로 하는 것이 좋다. 나만의 리추얼이 있고 그 리추얼을 실행할 거라는 기대만으로도 도파민은 벌써 부르릉! 시동을 거니 말이다. 아래와 같은 방법을 제안한다.

- '나의 즐거운(의미 있는) 활동'이라는 제목으로 목록을 작성한다. 많으면 많을수록 좋은데 최소한 10개는 넘어야 하고 50개 정도가 이상적이다.

당신은 언제나 괜찮다

- 목록에 순위를 붙인 후 최고 순위에서 최하 순위 순서로 재배열한다.
- 상황에 맞는 적절한 활동을 빨리 찾을 수 있도록 색을 다르게 해서 실외용과 실내용, 혹은 부담 없이 쉽게 할 수 있는 것, 돈과 시간이 드는 것 등으로 분류하면 더 좋다.
- 스트레스를 받으면, 기분이 전환될 만한 활동을 하되 최하 순위에 해당하는 활동부터 해볼 것을 권장한다.

최하 순위 활동을 먼저 추천하는 이유는, 하위권 활동일수록 대부분 부담 없이 쉽게 할 수 있는데 그것만으로도 기분 전환이 된다면 정말 기분 좋은 일이며 실제로도 그렇게 된다. 기분을 좋게 해주는 요술 구슬이 아직도 수십 개나 더 남아 있는 셈이니 부자라는 생각이 들며, 초조감이 감소하고 느긋해지면서 삶의 잔재미가 느껴진다. 우울증 환자들은 큰 재미는 물론이고 잔재미도 잘 느끼지 못한다. 잔재미는 삶의 활력을 높이는 데 결코 무시할 수 없는 요소다.

내 '즐거운 활동'들은 잔재미 쪽이 대부분인데, 그것만으로 최상위권의 '큰 재미' 활동을 아예 못 한다 해도 크게 아쉽지 않다. '유럽에서 1년 정도 체류하기' 같은 돈과 시간이 꽤 드는

'버킷 리스트' 쪽 선망이 있기 하지만, 잔재미를 느끼면서 지금처럼 책을 읽고 쓰는 것만으로도 족하다. 행복하다. 따지고 보면 버킷 리스트는 '오죽 재미없게 일만 하며 살아왔으면 죽기 전에 꼭 해야 할 것을 만들었을까' 하고 생각하게 되는 불쌍한 용어다. 용어 자체도 중세 시대에 자살할 때 목에 밧줄을 감고 양동이를 차버리는 행위에서 유래되었다지 않는가. 버킷 리스트 전에 일일일소부터 먼저 해보자.

아래에 내담자들의 기분 전환 목록에 많이 등장하는 활동을 제시한다. 순위는 평균적으로 낸 것이며 돈이나 시간이 너무 많이 드는 활동은 제외했다. 음주, 흡연같이 기분 전환은 확실하더라도 건강을 해치는 것들도 제외했는데, 이런 활동을 통해 살아갈 의지를 조금이라도 높일 수 있다면 각자가 선택할 사항이라고 생각한다. 같은 활동이라도 사람마다 생각하는 순위가 다를 것이므로 참고로만 삼아 당신만의 목록을 작성하기 바란다.

- **상위권~중위권 활동:** 여행, 데이트, 쇼핑, 오락, 드라마나 영화 보기, 친구와 수다 떨기, 맛있는 음식 먹기, 카페 탐방, 반려견과 달리기, 보수 높은 일 하기, 요리, 걷거나 아이쇼핑 하기, 바쁘게 움직이기, 음악

듣기, 박물관이나 전시회 가기, 드라이브 하기, 운동
하기, 독서, 자기계발 활동

- **중위권~하위권 활동:** 스마트폰 게임, 화투, 체스, 바
  둑, 오목, 십자말풀이, 외국어 공부, 악기 연주, 그림
  그리기, 이완, 심호흡

스트레스가 많은 날일수록 일일일소를 기억하여 컴포트 존
에서 하루를 마감하자. 그러면 밤새 스트레스 호르몬이 당신
을 갉아 먹는 일은 없을 것이며, 다음 날 아침에 눈을 뜨면 어
제 샌 생명 에너지가 새로 채워졌음을 느낄 것이다.

즐거운 활동 리스트

'나의 즐거운 활동 리스트'를 작성해보자.
내가 즐겁다고 느끼는 것들을
20가지 생각나는 대로 적은 후 순위를 붙여본다.

순위

최고 순위에서 최하 순위 순으로
다시 정리하여 적어본다.

1위	11위
2위	12위
3위	13위
4위	14위
5위	15위
6위	16위
7위	17위
8위	18위
9위	19위
10위	20위

3부

해피니스 커브
상승선 올라타기

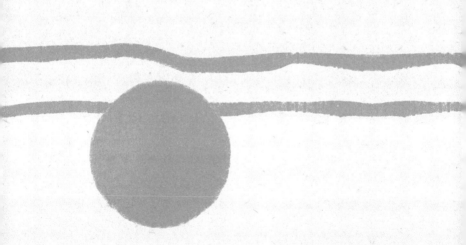

이제 해피니스 커브 상승선에 올라탈 차례다.

중년기 소동을 진화하느라 애썼다.

그렇다고 마냥 신날 수만은 없다.

중년기 돌파를 2부에서 살펴본 '버티기'로만 할 수는 없으니

'새로 시작하기'도 해야 하는데

그만큼 준비할 것들이 또 있기 때문이다.

비행飛行에 비유해본다면 해피니스 커브 상승은
관광이 아니라 비즈니스 목적으로 비행기를 타는 것과 같다.
놀러 갈 때는 아무 걱정 없이 즐겁기만 하다.
하지만 비니지스로 갈 때는 설레기도 하지만
불안하기도 하며, 업무 관련 사항을 들여다보느라
마음 놓고 비행을 즐길 수도 없다.
그래도 이제 다 왔다.
마지막 점검만 잘하면 상승선에 올라탈 일만 남았다.

곧 상승합니다,
안전벨트를 매세요

○

비행기를 타면 이륙 직전 어김없이 안전벨트를 매라는 안내
방송이 나온다. 고도가 안정화될 때까지는 날개 흔들림이나
난기류로 인한 부상을 방지하기 위해 반드시 벨트를 착용해
야 한다. 해피니스 커브 상승선을 탈 때도 불안의 난기류를 만
날 수 있고 상승선에 타자마자 롤러코스터가 될 수도 있으니
안전벨트를 꼭 매도록 하자. 초심, 용기, 점진적 이행의 세 개의
안전벨트와 함께하면 불안은 적어지고 설레는 마음은 커질 것
이다.

초 심

'초심'과 '새로운 시작'은 언뜻 어울리지 않아 보인다. 초심은 어떤 일을 처음 시작했던 감정으로서 마치 과거 시점 같고, 새로운 시작은 말 그대로 'new start', 현재로부터 미래에 걸친 시점 같기 때문이다. 하지만 중년기에 새롭게 시작할 때 초심을 돌아보면 시행착오를 크게 줄일 수 있다. 고생 끝에 다시 시작하는 건데 또 시행착오를 겪는다면 다른 세대도 아닌 중년으로서는 자존심 상하는 일이기도 하다.

중년기에 새롭게 시작하는 것들이 한두 개는 아니겠지만 '일'을 바꾸는 문제로 좁혀 말하고자 한다. 그렇다 해서 어떤 직장으로 바꾸면 좋을지, 어떤 일을 새로 시작하면 좋을지 같은 직업 상담 영역을 언급하려는 건 아니다. 마흔 넘게 살아온 당신이 그런 문제는 현명하게 결정할 것이고 정부 지원 제도를 포함해서 전문적 도움을 받을 수 있는 곳도 많다. 여기서 살펴보려는 것은 직장 바꾸기 같은 '외적 바꿈'보다 더 중요한 '내적 바꿈'이다. 현실에 기반하여 단단한 마음가짐을 갖춰야 성공적인 이직이 가능해지는데 초심을 돌아보면 더 튼튼한 디딤대에 설 수 있다.

직업을 갖기 시작했던 애초의 마음을 떠올려보자. 돈을 버는 것도 중요했지만 일 자체에 대한 애정도 컸다. 초심은 그 애정 어린 마음을 뜻한다. 그럼에도 상당수가 수익 창출이나 남들의 평가를 염두에 둔 구색 맞추기 쪽으로만 신경 쓰고 일에 대한 '첫사랑'을 되돌아보지 않는다. 그러다 보니 그동안 해왔던 일과 전혀 무관한 쪽으로 이직하기도 한다. 평생 사무직에 있었는데 치킨집을 차린다든지, 특정 사업이 뜬다고 자신의 전공과 상관없이 그쪽 관계자들의 말만 듣고 투자한다든지 하는 등이다.

『60년대생이 온다』[21]에서 저자 김경록은 은퇴자 중 절반이 창업을 생각하고, 실제로 창업한 사람은 전체 중 약 30%이며, 창업한 사람 중 64%는 몇 년 이내에 휴업 혹은 폐업한다고 했다. 창업 실패 손실은 평균 6천만 원 정도이고, 생활비를 줄여야 했다고 한 사람도 80%에 달한다고 한다. 저자는 그럼에도 창업자가 줄지 않는 것은 마땅한 일자리가 없고 대부분 낙관적인 자기 과신을 하면서 '나는 예외'라는 착각을 하기 때문이라고 설명한다. 그러고는 창업하더라도 고정비용을 들이지 않아도 되고 자기 기술을 쓸 수 있으며 자본이 없어도 되는 일을 해야 한다고 조언한다. 나는 여기에 초심으로 돌아가자는 말을 추가하고 싶다. '난 왜 그 일을 시작했었지?'라고 반문해보면 일에 대한 애정과 자부심이 기억난다.

사실 직장 스트레스는 일을 하는 과정에서 엮이는 사람들간에 유발되는 면이 더 큰 것이지 일 자체에서 유발되는 면은 별로 크지 않다. 그 마음을 떠올려 이직 방향을 세워야 시행착오를 줄이게 된다. 일 자체를 바꿀 것인가, 일을 하는 공간을 바꿀 것인가는 이직 시 굉장히 중요한 판단 사항이다. 직장은 얼마든지 바꿀 수 있지만 직업을 바꾸는 건 신중해야 한다. 직장은 때로 지옥 같을 수도 있지만, 직업은 나와 가족을 먹여살리고 즐겁고 보람 있게 살도록 이끌어주며 영혼을 숨 쉬게 하는 삶의 굴뚝이다.

가난하게 살 용기

가난하게 살 용기라니, 정확하게는 '예전보다 가난하게 살 용기'지만 쉽게 이해되지도 받아들여지지도 않을 줄 안다. 더 성공하고 부유해지기 위해 이직하는 것인데 오히려 가난을 대비하라니. 하지만 당신의 생각을 솔직하게 해부해보라. 당신은 직장을 바꾼 후 더 부유한 현실이 펼쳐질 거라고 '확신'하는가? 아니, '그랬으면' 할 것이다. 두 가지는 다르다. 전자는 확실한 상황이 그대로 벌어지는 '사실' 쪽이고, 후자는 확실하다고 생각하고 싶은 '믿음' 혹은 '바람' 쪽이다. '내일 해가 뜬다'라는 건 지구가 다른 행성과 큰 충돌을 겪지 않는 한 벌어지는 '사실'이고 '확신'이지만, '내일 비가 오지 않았으면 한다'라는 건 그저 우리의 '바람'이다. 그런데 이 둘의 차이를 간과하는 사람이 매우 많다. 아니 부정하는 것인지도 모른다. 동급의 직장으로 옮기는 사람은 이 차이를 몰라도 좋다. 하지만 시스템이 전혀 다른 직장으로 옮길 때는 이 차이를 뼈에 새겨 가난하게 살 용기를 장착하고 나와야 한다.

『번아웃의 종말』[22]을 쓴 조나단 말레식은 종신 교수직을 포기하고 프리랜서로 전향하면서 소득이 75%나 줄었다며 "아내가 버는 돈이 없었더라면 불가능한 일이었을 것이며 종신 교수로서 얻는 학자적 영광과 에고의 한 부분을 포기해야 했다. (……) 그럼에도 새로운 꿈을 찾았다"라고 말한다. 그가 찾은 새로운 꿈은 자유롭게 마음껏 글을 쓰는 것, 그리고 제목처럼 번아웃의 종말이었을 것이다. 그의 경우처럼, 갖고 있던 것을 고스란히 유지한 채 새로운 꿈을 찾는다는 건 대단히 어려운 일임이 분명하다. 그 과정에서 일시적으로나마 가난할 가능성은 거의 100%다(부유해질 거라는 믿음을 갖지 말라는 얘기가 아니다). 이런 점들을 직면할 용기를 가져야 한다.

나 역시 월급을 주던 회사를 관두면 당연히 소득 감소가 있을 거라고 예상했기에 퇴사 3~4년 전부터는 최대한 대출금을 상환하는 데 주력했다. 매월 꼬박꼬박 일정 금액이 입금

되지 않는다면 대출금의 압박에 눌릴 가능성이 농후했기 때문이다. 다행히 처음에는 퇴사 직후 낸 책이 생각 외로 독자들의 사랑을 받아 여차저차 이전 소득이 유지되는 듯했지만, 기껏 1년 남짓이었기 때문에 소득 감소를 전망했던 것이 여간 다행스럽지 않았다. 그러다가 코로나 팬데믹이 터졌던 초반기 몇 개월간 소득이 0원이 되었다. 예정되었던 외부 강연이나 교육이 다 취소되었고, 비대면 상담이나 가림판 설치와 같은 안전한 상담 환경이 마련되기 전까지는 내담자들이 무섭다며 상담도 다 취소했다. 나도 무섭기는 마찬가지였다. 그제야 수익 감소를 예측했던 게 상당히 순진한 수준이었다는 것, '혹시나 해서 예상해본다는 것이지 정말 그러겠어?'라는, '나는 예외'라는 착각에서 나 또한 예외이지 못했음을 실감했다. 비로소 '이렇게나' 정확한 예견을 해버렸다는 것에 소름이 돋을 정도였다.

가난해질 수 있다는 것은 냉혹한 현실 그 자체이며 이직을 계획하는 모든 사람에게 충분히 일어날 수 있는 일이다. 최악의 상황을 예상하고 대비책도 생각하며 이직을 준비해야 한다. 경제적인 대비도 중요하지만, 지금보다 훨씬 가난하게 살 수 있음을 수용하는 심리적 대비가 더 중요하다.

하물며 수입을 유지하는 일반적인 이직이 아니라 조나단

말레식처럼 자신이 원하는 삶을 살기 위해 일을 바꾸는 것이라면 허리띠를 졸라매는 것은 선택이 아니라 응당 해야 할 일이다.

헨리 데이비드 소로조차도 자신이 원하는 삶에만 전념하기 위해 통나무집에서 자급자족의 생활을 했다는 것은 널리 알려진 사실이다. 그는 산업화 시대를 따르면서 진정한 삶을 산다는 것은 불가능하다는 이유로 열매를 따 먹고 낚시를 하며 콩 경작도 했다. 지금과 다른 시대를 살았던 금욕주의자이자 우리와 다른 독특한 사고 방식을 지닌 천재 작가였음을 감안하더라도, 부족하지 않게 살면서 자기가 원하는 일을 한다는 게 여간 어려운 일이 아님을 여실히 보여준다. 자신이 진정 원하는 바를 찾는 것도 중요하지만 그것을 이루기 위해 현실적 문제들을 직면하는 용기 또한 삶을 새로 시작할 때 꼭 필요하다.

'이렇게 하면 반드시 부자 된다' 류의 많은 자기계발서에 "가난의 '가'자도 꿈꾸지 말라. 오직 부자가 된 모습만 상상하라"는 조언이 빠지지 않는다. 이런 책에 영감을 받았다는 한 내담자가 가난하게 살 용기를 가지라는 말이 싫다고 한 적이 있다. 그런 생각만 해도 부자가 못 될 것 같다면서.

가난한 사람이 되는 상상을 하라는 게 아니다. 부자가 되는 모습을 상상하라. 다만, 가난해질 용기는 가져야 한다는 말이

다. 성공하여 행복하게 사는 모습을 꿈꾸되 언젠가는 죽음을
마주할 용기를 가져야 하는 것처럼.

점진적 준비

애덤 그랜트의 『오리지널스』[23]에는 1994년부터 2008년까지
창업자들을 추적 조사한 결과가 나온다. 위험을 무릅쓰고 창
업에 전념한 사람들이 더 잘될 거라는 예상과 달리, 직장을 계
속 다닌 창업가들의 실패 확률이 직장을 그만둔 창업가들보
다 33% 낮았다고 한다. 창업한 뒤에도 계속 직장에 다녔던 유
명인들에는 애플 컴퓨터 발명자인 스티브 위즈니악, 구글 창립
자 래리 페이지가 있으며, 훨씬 더 일찍이는 T. S. 엘리엇이 있
다. 그는 『황무지』를 발표하고 나서도 3년 동안 런던 은행에서
계속 일을 했고, 그 후 40년 동안 안정적이고 질서 있는 삶을
유지하기 위해 출판사에 다니면서 부업으로 시를 썼다고 한
다. 애덤 그랜트는 "경제적으로 안정되면, 어설프게 쓴 책을 내
거나 조잡하게 만든 예술품을 팔려는 중압감에서 벗어난다"는
말로 이들의 행동과 성공 원인을 설명하면서, 본업을 유지하려
는 습성과 신중하게 위험을 분산시키려는 성향의 사람들이 더
성공한다고 단언한다. 제목만으로도 독창성에 관한 내용이 담

겼음을 알 수 있는 책의 저자가 이 정도로 독창적이지 않은(보수적인) 방식의 창업을 얘기한다면 숙려할 부분이라고 생각한다. 점진적 이행을 제안하는 것도 이런 맥락에서다. 취준기만 있는 게 아니라 '퇴준기'도 있다.

점진적 이행이란, 지금 하는 일을 유지하면서 새 일로 조금씩 옮겨 간다는 뜻이다. 이를 미술의 그러데이션 기법에 비유해보겠다. 지금 하는 일을 빨간색, 새 일을 파란색이라고 정해보자. 어느 날 갑자기 빨간색에서 파란색으로 휙 옮기는 게 아니라 매일 조금씩 빨간색에 파란색을 덧입혀보자. 처음에는 빨강도 파랑도 아닌 어정쩡한 보라색일 것이다. 보라색에서 그라데이션이 차츰 약해져 완연한 파란색에 근접한 그때가 완전히 옮길 때다. 이를테면 퇴사 후 치킨집을 차리고 싶다면 주말에 치킨집에서 단기 알바라도 해보는 것이다. 그러면서 튀김 냄새를 매일 맡을 수 있을 정도로 치킨이 정말 사랑스러운지, 급한 사정이 생겼을 때 직접 배달을 할 수 있겠는지, 닭을 보내주는 식품업체와 갈등이 생겼을 때 원만히 해결할 수 있겠는지 등을 생각해보는 '보라색' 지점에 있어보라. 가맹점 비용을 구하는 게 다가 아니라는 말이다. 도저히 그럴 시간이 없다면 치킨의 역사, 치킨을 맛있게 튀기는 법, 세금 및 고용법 공부라도 하면서 파란색을 꾸준히 덧입혀보라.

내 경우는 퇴사 후라도 심리학 업무 자체는 동일할 것이었기에 그쪽 파란색을 따로 준비하지는 않았지만, 책을 내야겠다는 파란색은 조금씩 덧붙였다. 그때까지 간간이 끄적여놓았던 A4용지 40쪽 분량의 양육 아이디어를 퇴사 결심 후 본격적으로 다듬었다. 병원에서는 점심을 빨리 먹은 후 30분 동안, 집에서는 주말 두 시간씩 작업했는데, 한 줄도 못 쓰는 게 태반이었지만 꾸준히 시도했다. 책을 낸 후 한 제자가 "아니 그렇게 바쁘신 와중에 도대체 언제 쓰셨어요?"라고 물었을 때 "점심시간과 주말 그리고 일하다가 스트레스를 받으면 5분이라도 키보드를 두드렸다"고 하니 제자 왈 "분노의 키보드였군요"라고 했다. 맞는 말인 것 같다.

그런데 다시 생각해보면 '분노'만은 아니었다. 용서, 타협, 희망, 미래, 어떤 단어를 넣어도 되었다. 스트레스를 받았을 때 예전 같으면 그 상황을 곱씹느라 바빴을 텐데, 그때는 키보드를 두드리느라 용서하고 넘어갔으며 미래의 무지개만 그렸다. '됐어. 난 곧 나갈 거야. 그러니까 지금 한 줄이라도 쓰자. 원고에 end를 쓰는 날이 디데이다'라는 생각으로 파란색에 매일 잠시라도 머물렀다. 그리고 내 '자기실현적 예언'은 성사되었다. 2년 남짓한 기간에 걸쳐 초고를 쓰고, 마지막 장에 'end'를 쓰자 사표를 냈고, 인수인계 작업을 끝낸 3개월 후 정식으로 퇴사했다.

딱 일주일 쉰 후 원고를 출판사에 제출했다. 한 번에 출판 승낙을 받지 못할 것 같아서 열다섯 개의 출판사 목록을 만들어놓았는데 운 좋게도 처음에 접촉한 곳에서 책을 내게 되었다. 출판사에서 너무도 멋진 제목으로 출간해준 『하루 3시간 엄마 냄새』[24]다. 여기까지가 '신과 함께'한 내 삶의 그러데이션 시기다.

내가 만약 '빨간색'에서 바로 '파란색'으로 옮겼다면 시간은 좀 더 벌 수 있었을 것이다. 하지만 출판사가 곧바로 출간 결정을 할 만한 내용의 책을 쓰지는 못했을 거라고 확신한다. 애덤 그랜트가 지적했듯이 오히려 마음이 더 쫓겨 어설픈 결과물이 나왔을 것이다. '보라색'에 머물렀기에 '파란색'에 가면 벌어질 일들을 더 생각해볼 수 있었고, '빨간색'에서 가져갈 수 있는 교훈과 지혜를 더 알차게 갈무리할 수 있었다.

그러데이션 기법이 모두에게 맞는 방법은 아니겠지만, 내 경우가 아니라도 창업한 지인들을 통해 보면 현실적이고 안전하며 스트레스가 덜한 방법이라는 것을 확신한다. 점진적 이행이 비단 이직에만 해당할까. 이혼, 이사, 이주, 이별 등 '이移' 자 들어가는 모든 일에 필요하다. 여자인데 이혼 예정이라면 배우자가 꺼내주었던 높은 곳의 그릇을 아래로 옮기는 것, 남자인데 이혼 예정이라면 배우자가 주로 했던 밥 짓기부터 하는 것

148

당신은 언제나 괜찮다

등으로 점진적 이행을 해보자. 별거 아니다? 닥치면 다 한다?
맞다. 별거 아니다. 하지만 막상 이혼 후에는 그 별거 아닌 일
로 화가 치밀어 그릇을 내동댕이치고 밥솥을 발로 차며 심지
어 그토록 오래 고민하여 내렸던 결정을 울컥 후회하기도 한
다. 점진적 이행으로 준비한다면 그 어떤 일이든 성공적으로
마무리할 수 있다.

　　김치 킬러인 내게는 풋풋하고 싱그러운 겉절이도 아주 맛
있지만, 숙성한 김장 김치의 차원 다른 황홀한 맛에 비할 바는
못 된다. 점진적 이행은 농익은 김장 김치처럼 당신이 새로 맞
을 삶을 더욱 그윽하고 풍성하게 만들어줄 것이다.

더 빨리 상승하기 위해
털어낼 것 1:
욕심과 허세

비행기가 연료를 가장 많이 소비할 때는 이륙할 때라고 한다. 화물량이 적을수록 연료 소비를 줄일 수 있으므로, 운항사들은 적정 화물 적재 방법을 늘 고민하여 매뉴얼을 수시로 업데이트한다. 해피니스 커브도 최대한 짐을 적게 해야 가뿐하게 상승할 수 있으므로, 털어낼 것을 추려 과감히 정리하도록 하자.

이 책의 제목이 '중년의 마음 관리'면 털어낼 것을 많이 살펴봐야겠지만, 당신이 하루라도 빨리 상승하기를 바라는 마음에 선별해서 추린 것은 욕심과 허세다. 중년기의 중요한 화두인 '진정한 자기 자신'이 되는 것을 가로막는 가장 무거운 짐이기 때문이다. 상승선에 올라타면 그다음은 당신의 경험과 저력으로 어떤 것을 더 털어내고 보충할지 판단될 것이다. 일단은 올라타는 게 중요하다.

욕심을 덜어낼수록 충만해진다

상승을 더디게 하는 가장 무거운 짐은 욕심이다. 용어에서부터 무거움이 느껴지지 않는가. 중년기에는 잘하고 있던 무언가를 새로 시작하는 경우보다 잘 안돼서 상황을 엎고 시작하는 경우가 아무래도 많다. 그렇다 보니 빨리 목표를 이루고 남들에게도 멋진 모습을 보이고자 하는 마음이 앞선다. 이런 마음이 과해지면 욕심으로 매일 좌불안석이 되면서 기껏 새로 시작하고자 했던 설렘과 기대가 쇠퇴한다.

'욕심'의 뜻은 '분수에 넘치게 무엇을 탐내거나 누리고자 하는 마음(국립국어원 표준국어대사전의 정의)'으로, 부정적인 의미가 다분하다. 그럼에도 일상에서는 이 용어를 그다지 부정적으로 사용하지 않는다. "세상에 욕심 없는 사람 있어?" 하며 당연시하고, 심지어 "야, 넌 왜 이렇게 욕심이 없냐?"는 식으로 오히려 삶의 의지가 부족한 사람 취급을 하기도 한다. 이렇게 된 데에는 살아가는 데 꼭 필요한 기본적인 욕구나 동기, 의욕을 대충 욕심으로 뭉뚱그려 쓰기 때문이다.

욕구는 삶 자체에 필수적인 것으로 생존 욕구, 안전 욕구, 사랑 욕구 등을 떠올리면 잘 이해된다. 미국의 심리학자 에이브러햄 매슬로는 최상위 단계의 욕구로 '자아실현 욕구'를 말했다. 동기나 의욕 또한 자신이 바라는 결과를 얻게 매진하도록 하는 기본적인 추동으로서, 일종의 성취 욕구 개념이다. 이렇다 보니 욕심에 '과하다'는 뜻이 더해진 탐욕, 욕망 정도는 되어야 부정적인 뉘앙스로 받아들인다.

그래봤자 욕심은 욕심이다. 바다가 처음에 얕다고 만만히 여기며 깊게 들어가다 보면 결국 빠져나올 수 없듯이, 욕심을 대수롭지 않게 방치하다 보면 삶의 동력이 되는 수준을 훌쩍 넘어 과욕으로 변질되면서 온갖 부정적인 감정의 온상이 된다.

기본 욕구와 욕심을 구분하는 기준은 '필수성'과 '조건 부여'다. 먹어야 한다, 안전해야 한다, 자신이 맡은 일을 책임지고 해야 한다 등은 필수적인 욕구다. 반면 '꼭' '그것'을 먹어야 하고, '내가 원하는' 방법으로만 해야 하며, '반드시' 내가 바라는 '딱' 그 일만 가치 있다는 식으로 '조건 부여'를 하면 필수성을 넘어서 욕심이 된다.

부모의 행동을 예로 들어 한 번 더 얘기해보자. 아이를 먹이고 입히고 기본적인 학습 능력과 사회 능력을 갖추도록 도

당신은 언제나 괜찮다

와주는 것은 필수 의무다. 반면 꼭 어느 대학, 어느 직장에 가야 하고, 반드시 어떤 직업을 가져야 하며, 특정한 수준 이상의 사람과 관계를 맺도록 '조건 부여'된 목표를 강요한다면 욕심이자 욕망이며 과욕이고 탐욕이다. 비록 부모는 자식이 잘되기를 바라는 사랑의 마음에서 조건을 제시하겠지만 자칫하면 순수한 사랑이 아닌 '조건적 사랑'이 되어버린다. 남부럽지 않은 환경에서 자랐음에도 성격장애를 비롯한 심리장애를 겪는 사람들을 들여다보면 '조건적 사랑'을 받은 경우가 매우 많을 정도로 그 폐해가 만만치 않다. 조건적 사랑만 받는 아이는 부모가 바라는 모습만을 보이려 하고 과잉 이상화된 자아 이미지 속에 살게 되어, 정체감을 올바로 형성하지 못하고 삶의 목표가 흐릿해지며 공허감을 자주 느끼게 된다. 커서도 정상적인 삶을 살기가 쉽지 않다.

나 또한 마흔이 넘을 때까지는 욕심을 그저 동기나 의욕 정도로 여겼고, 그런 욕심이 있었기에 공부도 열심히 하고 원하는 직업을 가졌다고 착각했다. 그럼에도 중년기 우울증이 와 이를 벗어나고자 이직을 결심하고 가난하게 살 용기까지 장착하고 나서도 더 비울 것이 있다는 생각이 들었을 때, 직관적으로 떠오른 게 욕심이었다. 처음에는 '이 정도면 욕심을 많이 내려놓지 않았나?' 하는 저항도 해봤지만 차분하게 들여다보니 더 비워야 할 부분이 있음을 알게 되었다. 그러면서 새삼 자각한 욕심의 정체는 두 가지였다.

하나는, 욕심이 미미하게 시작해서 점점 창대해진다는 점이다. 누구에게나 첫 욕심은 작은 눈 뭉침처럼 순수한 마음이었을 것이다. 하얗고 예쁘고 순결한 결정체. 하지만 눈 뭉치가 커지면서 차츰 온갖 것들이 덕지덕지 붙게 되고, 그렇게 빅 스노볼이 되었을 때는 애초의 순수한 마음이 무엇이었는지 가물가물해진다. 나와 가족의 행복한 삶이 목표였는데 '꼭' '반드시' '그런' 방법으로 행복해야 한다는 욕망이 섞이면서 창대해지는 동시에 거뭇거뭇 추레한 눈덩이가 되어버린다.

두 번째는 좁은 길이 아니라 넓은 길로 가고자 할 때, 즉 다수의 사람이 바라는 것을 똑같이 바랄 때 욕심으로 변질될 소지가 다분하다는 점이다. 부자가 되려 한다? 최고가 되려 한다? 자식을 명문대에 보내려 한다? 유명해지려 한다? 그런 것을 원하면 그냥 시도하라. 자신만의 속도에 맞춰 최선을 다하라. 결과에 감사하고 자족하라. 여기까지는 욕심이 아니다. 욕심으로 넘어가는 경계는 늘 남들과 비교하면서 그들만큼은 살아야 한다고, 아니 그들보다 잘살아야 한다고 자신과 가족을 다그치면서부터다.

요즘은 남이 사는 모습을 기준으로 '기대치'를 잡고 그렇게 살지 못하면 불행하다고 생각하는 것이 행복의 '전형'이 되어 버렸다. 『불변의 법칙』에 미국인들이 1950년대를 가장 행복하게 기억한다는 흥미로운 조사 결과가 나온다. 저자인 모건 하우절은 그 이유로, 1950년대는 미국 중산층의 황금기로 계층 간 소득 차이가 크게 줄었을 뿐 아니라 나와 주변 사람의 차이가 그다지 크지 않았다는 점을 지적한다. 오늘날과 비교할 때 소득은 더 적었으나 남들도 소득이 비슷했고, 집도 작았지만 남들도 그 정도 집에서 살았으며, 의료 서비스가 부족해도 남들도 같은 상황이었다는 것이다. 예전보다 전체적으로는 잘 살게 되었으나 개인적 풍요는 서로 차이가 없어야 행복하다고 여긴다니, 우리나라 사람들이 왜 이렇게 사방에서 불행하다고 하는지 이해가 된다. 전체 국민소득은 증가했으나 상대적 격차는 갈수록 심해지고 있으니 말이다.

세상이 이러한데 욕심을 털어내자는 말은 얼마나 공염불 같은가. 해피니스 회복이라는 시급한 과제가 놓여 있으니 그나마 귀가 열릴 것이지만 설사 그런 마음이 든다 해도 실행이 절대 쉽지 않다. 그래도 마흔 넘은 사람들에겐 한 가지 유리한(?) 점이 있는데, 무언가를 이루었어도 기대만큼 기쁘지 않다는 사실을 그간의 신산한 경험들로부터 알게 되었다는 것이다. 달리고 달려 결승선 테이프를 제일 먼저 끊은 마라토너가 금메달의 행복감을 누리는 시간이 짧으면 일주일에서 길어봤자 6개월을 넘지 못한다는 사실이 그 사람만의 얘기가 아님을 지그시 알게 되어, 마흔은 자신의 욕심을 들여다보기에 좋은 때다.

생명체가 원하든 아니든 봄 여름 가을 겨울은 오고, 계절이 바뀌면 철새들은 이동해야 한다. 어떤 이유에서 대이동의 대열에 끼지 못한 철새들은 생존이 위태로워진다. 우리가 원하든 아니든 중년의 계절은 대이동의 때이다. 이때를 놓쳐 상승선에 올라타지 못한다면 인생 후반기를 잘 살아갈 수 있을지 장담할 수 없다. 남과 비교하는 마음을 내려놓지 못하고, 타인의 욕망을 자신의 욕구인 양 착각하며 이루지 못할까 봐 전전긍긍한다면 순식간에 욕심-욕망-과욕-탐욕-번아웃의 사이클로 들어간다. 중년기에 들어섰는데도 이 사이클을 해체하지 못하면 해피니스 커브 승선이 요원하다.

사는 데 꼭 필요한 의욕인지, 아니면 욕심인지를 알 수 있는 기준의 하나가 '평정심'이다. 평정심은 말 그대로 '평안하고 고요한 마음'인데, 인간으로 살면서 초지일관 평정심을 유지한다는 건 불가능하므로 잠시 휘청거려도 금방 중심을 회복하는 것까지는 포함하자. 성공을 목표로 달릴 때 대체로 마음이 편하고 가족을 비롯한 다른 사람들에게도 좋은 영향을 미친다면, 또 성공에 이르기까지 겪을 수밖에 없는 힘듦을 큰 소진 없이 감당할 수 있다면, 평정심을 잘 유지하는 상태다. 하지만 언젠가부터 초조감이나 압박감이 느껴지며 가족이나 다른 사람들에게 부정적 감정을 발산하고 있다면 평정심이 깨지고 있다는 신호다.

인생 2막의 목표를 금메달로 잡지 말고 멋진 마라토너, 건강한 마라토너, 행복한 마라토너로 잡자. 아니, 그냥 마라토너로 살자. 이 의미가 쉽게 와닿지 않는다면 헨리 데이비드 소로가 『월든』[25]에서 말했던 "Simplicity, simplicity, simplicity(단순함, 단순함, 단순함)!"를 기억하자. 삶의 기대치를 세상 사람들이 좋다고 하는 것에 맞추면 복잡하고 어지럽고 속이 더부룩하다. 자신만의 기대치를 설정하여 전념하면 단순하고 깔끔하며 개운하다. 남의 기준에 맞추지 않고 '자기 목표'에 맞춰 열심히 달리고, 어떤 결과가 오든 감사하고 자족할 때 오히려 삶이 충만해진다. 남에 비교되는 것 자체야 '인식' 차원이라 막을 수도 없고 막을 필요도 없지만, 상대적 열등감을 느끼는 '태도'로 확장할지는 본인의 선택이다.

"그가 꼭 사과나무나 떡갈나무와 같은 속도로 성숙해야 한다는 법칙은 없다. 그가 남과 보조를 맞추기 위해 자신의 봄을 여름으로 바꾸어야 한단 말인가?"라고 했던 소로는 명예와 성공과 부에 대한 환상을 버리고 단순한 삶 속에서 자신의 목적을 발견했다고 했고, 더 적은 것으로 더 많은 만족을 얻을 수 있다며 간소하고 단순하게 사는 것이 자연의 법칙과 조화를 이루며 더 나은 삶을 추구하는 길이 될 수 있다고 말했다. 그러면서 "그 사람으로 하여금 자신이 듣는 음악에 맞추어 걸어가도록 내버려두라"라고 했다. 우리는 이렇게 받으면 되겠다. '내가 듣는 음악에 맞추어 걸어가련다.' 이왕이면 소로의 또 다른 멋진 표현인 "다른 사람들과는 다른 고수鼓手의 북소리"에 맞추어서.

컴퓨터공학 디지털시스템 전문가인 라이언 부시는 『마음설계자』[26]에서 자신의 전공을 살려 기존의 심리치료 개념을 '알고리즘' 용어로 바꾸었더니, 비로소 마음의 문제를 정확히 파악할 수 있었고 해결도 했다고 한다. 다들 자신에게만 맞는 용어가 있나 보다. 어쨌든 그는 고장난 알고리즘이 당신의 인생을 망치고 있다면서, 도움이 되지 않는 알고리즘을 도움이 되는 알고리즘으로 바꿔야 한다고 말한다. "경기에서 이기는 것이 아니라 능력을 최대한 발휘하는 것이 목표가 되어야 한다" "최고가 되지 말고 유일한 사람이 되어라" 등의 말에서 그 역시 자신만의 기대치를 갖고 단순하게 사는 삶이 올바른 인생 알고리즘이라는 걸 깨달았음을 알 수 있다. 라이언 부시는 이런 깨달음에 대해 "비술祕術을 경험했던 것 같다"라고 할 정도로 극강의 만족감을 드러냈다.

비술까지는 아니라도 나 역시 털어내기를 통해 삶이 예전보다 가벼워지면서 가뿐하게 상승선에 올라탈 수 있었기에, 당신도 이런 행복의 비결을 꼭 체감해보았으면 한다. 욕심을 비우고 삶을 단순화하는 것은 해피니스 커브 상승력을 높이는 아주 강력한 알고리즘이다.

허세를 덜어낼수록 더 멋진 사람이 된다

먼저 살펴본 욕심이 '욕심껏' 채워지지 않으면 어떤 마음이 들까. 앞에서도 말했듯이 욕심 자체가 '분수를 넘어 탐한다'라는 뜻이므로 채워지지 않을 가능성이 높다. 그러면 상실감이라든지 '욕심껏' 사는 것 같은 타인들에 대한 상대적 열패감이 필연적으로 발생한다. 다음 전개는 여러 가지 방향으로 일어날 수 있는데, 그중 하나가 이런 감정들을 보상하고자 우월감을 드러낼 수 있는 부분에서 허세를 부리는 것이다. 특히 요즘에는 엄청난 허영으로 도배되고 있는 SNS 때문에 단 하루도 누군가의 허세를 보지 않고 지나는 날이 없다.

물론 허세의 이유가 욕구 좌절에 따른 결핍감만은 아니다. 존재감이나 가치에 회의가 들고 자존심이 상할 때 자기애적 손상으로 인한 위축된 자아를 부풀리고자 하는 건 본능적인 방어기제이기도 하므로, 잠시 몇 차례 허세 부리는 정도야 마음 회복의 윤활유가 될 수 있다. 또한 어느 정도의 허세는 건강한 자기애의 반영이므로 필요하기도 하고 사회생활을 할 때 한 번씩 웃을 수 있게 만든다. 하지만 이런 모습을 습관적으로 보이면서 체화되면 이때부터는 유익한 점이 하나도 없게 될 뿐 아니라 성격 패턴으로 굳어질 수도 있다.

허세가 진짜 문제인 것은 진짜 내 모습이 아니기 때문이다. 그러면 해피니스 커브 상승에 걸림돌이 된다. 욕심은 너무 무거워서 상승을 저해한다면 허세는 너무 가벼워서 궤도를 이탈하게 한다.

허세는 참 재미있는 면이 있다. 유아기의 허세는 웃음을 유발하고 중고등학생 때까지의 허세도 제법 귀엽다. 청년기의 허세는 이해 가능 범위이고 때로는 "허세 쩌네" 하며 매력적으로 보기도 한다. 하지만 중년부터는 오히려 매력이 반감된다. 그래도 40대는 '허세 떨 만한' 능력이 실제로 최고치에 이른 때여서 싫든 좋든 인정할 수밖에 없지만, 50대 넘어서도 그러면 꼴불

견이고 꼰대 취급을 받기 십상이다.

또한 본인이 허세를 부릴 때는 '자부심 뿜뿜'으로 생각하지만 남이 부릴 때는 뭔가 '없어 보인다'. 나 또한 허세를 '당당함'으로 착각하며 살 때는 겸손조차 허세 떨 듯 내세웠던 것 같다. 하루가 다르게 급변하는 요즘에도 사적, 공적인 모임에 가면 여전히 과거의 치적을 자랑하며 허세 부리는 50대가 한두 명씩 꼭 있어서, 그 자기중심성이 놀랍기도 하고 같이 나이 들어가는 편에서 민망할 때가 있다. 허세가 경멸이나 비난처럼 상대방을 대놓고 폄훼하는 게 아니어서, 그리고 큰 결례로 느껴지지 않아서 그런지도 모른다. 하지만 허세 부리는 자기 모습이 어떨지 '자기 객관화'를 해봐야 할 때이다.

허세는 어떤 것에 대해 고착과 집착이 심할수록 커진다. 40년 넘게 살았어도 그간의 삶을 '차분하게' 살아온 사람은 많지 않을 것이다. '허둥지둥' '갈팡질팡' 살아오느라 삶의 많은 부분이 듬성듬성 비었을 것이며, 빈 부분을 비합리적 신념과 가치관들로 대충 메꿔왔을 것이다. 문제는 그러한 신념과 가치관들이 시간이 지나면서 고착되고 우리 또한 그것이 옳다고 집착하게 된다는 것이다.

집착은 실패의 두려움에서 발생한다. 자신이 생각하는 삶의 궤도를 이탈하면 실패한 인생이 될 거라는, 다른 방법으로는 행복하지 않을 거라는 생각에 매여 좀처럼 벗어나지 못한다. 집착에서 벗어나려면 그동안 당연하게 여겼던 것들을 한번쯤 의심해봐야 한다. 비욘 나티코 린데블라드가 쓴 책의 제목이기도 한 '내가 틀릴 수도 있습니다'[27]라는 생각은 참으로 현명한 삶의 태도인 동시에 중년기에 반드시 지녀야 할 사고방식이다.

우리는 세상에 대해 얼마나 제대로 알고 있을까. 우리가 믿어왔던 것들은 다 사실일까. 나이를 먹을수록 무엇이 진실이고 아닌지 잘 모르겠다는 생각만 더 커진다. 내가 추구하는 것이 과연 나중에도 좋을지 모르겠다. 지금 진실이라고 생각하는 것에 최선을 다해 전념하고 지켜내려 하지만 결과는 정말 모르겠다. 이것만이 진실인 것 같다.

집착은 또한 내 취약함과 한계가 드러날까 두려워서, 더 넓게는 '내가 속한 세상'이 불안정하고 불행해지면 어쩌나 두려워서 발생한다. 내가 속한 세상은 가족, 친구, 직장, 국가 등 그때그때 상황에 따라 범위가 커졌다 작아졌다 한다. 그런데 이런 두려움을 완벽하게 예방하는 게 가능할까? 완벽하게 막을 수 있다면 집착 아니라 '집집착'이라도 하겠지만 실현 불가능하다.

키어런 세티야는 『라이프 이즈 하드』[28]에서 본인은 27세부터 난치성 방광질환을 앓아왔고, 아내는 난소 낭종 제거술을 받았으며, 어머니는 조기 알츠하이머, 장모는 난소암, 장인은 심장 절개 수술을 받은 상황에 놓여왔음을 공개하면서 "인생은 무지 힘들고 눈을 뜬다는 것은 질병, 외로움, 상실의 슬픔, 실패, 불공정, 부조리와 같은 고통을 직면하는 것이다. 불행이 닥쳤을 때 우리에게 필요한 것은 그것을 인정하는 것이며, 잘 산다는 것은 삶에서 소망할 가치가 있는 것을 충분히 찾는 와중에도 삶은 고되다는 사실을 받아들이고 대처하는 것이다" 라고 강조하고 또 강조한다. 아울러, 너무 완벽해서 부족함 없는 삶이라는 허상과 성장하고 발전하는 길은 오로지 하나라는 확신에 저항해야 한다는 말도 덧붙인다.

그의 말대로, 삶이 고되다는 것을 받아들이고 나의 취약함과 한계에 직면하며 그러면서도 의미 있는 것에 전념할 때 허세, 집착, 고착 등에서 조금씩 자유로워진다. 세부 실행 면에서는 장애물이 많겠지만 인생 전체를 끌고 가는 마음가짐으로 삼는다면 '진짜 자신'을 찾는 삶에 훌쩍 가까워질 것이다.

고난에 대해 현자들이 공통으로 말했듯이, 고난을 피할지 말지는 선택의 영역이 아니라 고난을 견디는 방법만 선택할 수 있다는 것, 그리고 그 과정에서의 부작용을 최대한 줄이는 것만이 우리가 할 수 있는 일이다. 모건 하우절은 엄청난 성공을 이룬 뒤 남들이 상상하는 것만큼 큰 행복을 느끼는 사람을 본 적이 없다고 하면서, 성공한 뒤에 느끼는 것이 성공하기 전에 상상한 것과 다른 경우가 많기 때문이라고 말했다. 성공해도 생각했던 것보다 그다지 행복하지 않다면, 노력으로 다다른 결과를 잠시 기뻐하고 감사하는 것 외에 허세와 집착, 고착으로 굳이 더 피곤하게 살 필요가 있을까.

그럴 필요 없다는 것을, 마흔 넘게 살아온 우리는 다는 아니라도 어느 정도는 이미 알고 있다. 행여 다른 세상, 혹은 다른 삶이 있지 않나 하며 스스로 자기최면을 걸어 부정하다 보니 반평생을 과장, 과잉, 허세가 섞인 허상의 세계에서 살아온 부분도 있음을 분명 알고 있다. 우리는 모르는 게 아니라 직면하지 않을 뿐이다.

그런데 허 참, 직면이 왜 이리 아픈지 모르겠다. 심리치료사들이 허구헌날 "직면! 직면!"을 강조하고 나 역시 예외는 아니었지만 정작 해보려니 너무 아파서 마주할 수가 없다. 태어나서 성인이 될 때까지 온갖 주사를 수십 차례 맞았어도 코로나 백신 주사를 맞을 때 여전히 무서웠던 것처럼, 직면, 직면, 그까짓 거 직면하면 그만인데 여전히 아프고 무섭다. 이렇게까지 낙담하게 될 줄이야. 이렇게까지 내가 아무것도 아닐 줄이야. 냉혹한 현실이 찔러대는 바늘이 너무 아프다.

우울증과 신체적 불편감을 비롯한 온갖 중년기 증상과 사건들은 아파봐야, 배신당해봐야, 망해봐야 지금 집착하고 있는 것이 얼마나 별거 아닌지를 알게 해주는 영혼의 나팔 소리다. 나팔(정확하게는 나발)은 관악기 중 가장 볼품없고 기교를 부릴 버튼이나 판이 없는 아주 간단한 구조의 악기로 한 음만을 길게 연주한다. 하지만 그 한 음의 기세와 카리스마가 실로 대단하여 나팔 소리가 울리는 것은 장(場)이 바뀐다는 신호다. 전투를 준비해야 한다든지 그만 자고 일어나야 한다는.

　불편감과 불안감을 유발하는 상황이지만 피할 수는 없다. 얼른 일어나 적절한 행동을 취해야만 소리가 멈춘다. 나팔 소리가 들리면 일순간은 우울, 낙담, 심지어 불안이 올라오더라도 허세와 과장, 집착의 갑옷이 아닌 원래의 자기 옷으로 갈아입자. 벌거숭이로 서 있는 것 같은 느낌이 들 수 있지만 차츰 '거칠 것 없이' 당당해진다. 중요시하고 인정받으려 아등바등했던 대상이나 상황이 달라지기 때문이다. 그다음은? 전혀 예상하지 않았던 새로운 행복의 원천을 찾을 것이다. 세간의 평가와 상관없이 나를 더 사랑할 방법을 기필코 찾아 더 멋진 삶을 살게 될 것이다.

감사와 자기결정으로 자유로워지자

'욕심 내지 말아야지' '허세부리지 말아야지' 하며 의지로 애쓸수록 마음이 오히려 복잡해지고 무거워질 수 있다. 오히려 대극성對極性 측면에서 놀 듯이 가볍게 살 때 욕심과 허세가 자연스레 털어내진다. 대극성 측면으로 얘기할 것은 '감사'와 '자기결정'이다.

먼저 감사에 대해 살펴보자. 욕심은 '부족하다' 혹은 '없다'라는 불충분감에서 파생된다. 문제는 이런 불충분감을 전혀 느끼지 않는 게 불가능하다는 것이다. 우리가 단 하나의 불충분감도 없이 살 수 있을까? 사랑하는 사람과 결혼만 하면 충분하던가? 원하던 직장에만 들어가면 충분하던가? 어렵사리 집을 하나 장만해도 충분하던가? 여한 없을 정도로? 아니, 너무도 불충분하다. 이런 불충분감을 노력으로 벌충할 수 있다면 "금 나와라 뚝딱, 은 나와라 뚝딱" 노래나 부르면 되는 제법 즐거운 삶이리라. 하지만 그런 일은 그저 '동화'임을 너무도 잘 알기에 혹독한 현실을 살기 위한 필살기로라도 갖춰야 할 태세가 감사다.

감사는 세상을 바라보는 필터를 교체해 '삶이 불충분하다'는 시각을 바꿔준다. 갖지 못한 것들 사이에서 빌빌대며 허덕이는 게 아니라, 갖고 있는 것을 만끽하게 되어 '내 세상' 곳곳이 충만함으로 채워져 있다는 게 새삼 눈에 띄고, 설사 잠시 비어 보여도 다른 의미가 있겠거니 하고 평온하게 기다릴 수 있는 성숙하고 담대한 시야를 갖게 해준다.

랄프 왈도 에머슨은 『자기신뢰』[29]에서 "우리는 자기가 사랑하는 것을 갖는다. 하지만 욕망 때문에 결국은 그 사랑과 사별하게 된다"라고 말했다. 그의 말대로, 우리는 모두 자기가 원하던 것을 갖게 된다. 최소한 한 개라도. 아니, 한 개뿐이겠는가. 아주 많은 것을 갖게 된다. 그럼에도 '욕망 때문에' 충분치 않다고 여기면서 자신이 원하고 가졌던 '그 사랑'을 잃어버리게 된다. 욕망-불충분감-상실의 어디라도 감사를 넣는다면 상실까지 가지는 않는다. '자기신뢰'는 말 그대로 자신이 가치 있는 존재임을 믿는 것이라 할 수 있다. 그런 존재인 것만으로도 이미 충분하다. 불충분함은 없다. 노력하고 개선할 점은 있지만 언젠가 채워질 것으로 믿기에 감사한다. 설사 채워지지 못해도 존재 자체에 감사한다.

에머슨은 다른 책 『자연』[30]에서 "나는 작은 은총에도 감사한다"라고 분명히 말했다. 하나라도 자신의 기대에 못 미치면 실망하는 친구의 삶과 자신의 일기를 비교해보았더니, 자신은 아무것도 기대하지 않으며 언제나 적당한 이익에 감사하는 마음이 충만하다는 것을 발견했다고 한다. 그 자신이 이런 삶을 살았기에 『자기신뢰』가 더 진정성 있게 다가온다.

그는 또한 인간은 회상의 눈으로 과거를 한탄하거나 자신을 둘러싼 풍요로움에는 무관심한 채 까치발로 서서 미래를 내다보려 안간힘을 쓴다는 말도 덧붙였다. 불현듯, 불안하게 목을 길게 뺀 채 끊임없이 좌우를 살피는 미어캣에 우리 모습이 오버랩된다. 우리에게 부족한 것은 채워지지 못한 그 많은 것이 아니라 '감사'다.

감사의 이미지는 부드럽고 온화한 쪽이지만, 마음에 들지 않거나 부족하다고 느껴지더라도 그 상황을 결정적으로 '종료' 시키는 과감성도 갖고 있다. 여기까지 일단 감사. 끝.

따라서 '새로 시작하기'에 매우 좋으며, 특히 욕심이 통제되지 않아 불안한 사람에게 꼭 필요하다. 길게 설명할 것도 없다. '아이쿠, 이것밖에 못 했네? 아쉽지만 그래도 감사해. 괜찮아. 또 해보면 되지. 같은 방식으로 다시 해볼까, 방법을 바꿔볼까?' 이렇게 감사의 태도를 전면에 내세우는 사람이 불안할 수 있을까? 솔직히, 다음번에 성공할지는 모르겠다 치자. 그렇다고 불안에 떤다고 성공할까? 성공한다 해도 그것으로 만족할까? 한번 겪은 불안은 저절로 없어지지 않으며 진드기같이 마음에 붙어 있다. 더 높은 성공을 바라며 계속 불안해하리라는 게 명약관화하다. 오히려 감사로 상황을 일단 종료하고 수용하여 평온한 마음으로 후일을 도모하는 사람이 성공에든 행복에든 더 빨리 이르게 된다. 이런 사람은 후일의 행복도 행복이지만 지금 당장 마음이 편하다는 면에서 차원이 다른 삶을 산다.

이번에는 자기결정에 대해 살펴보자. '자기결정self-determination'을 심리학 이론을 가져와 복잡하게 설명할 수도 있지만, 간단하게 말하면 용어 그대로 '자기 행동과 선택을 스스로 통제하고 결정하는 능력과 권리'를 의미한다. 내 인생에서 무엇이 중요한지 '내가' 선택하고 결정하며 타인의 욕구나 기준을 무작정 따르지 않는다는 뜻이다.

자기결정을 허세의 대극성으로 보는 이유는 허세가 자기결정과 정반대로 타인의 시각과 평가를 좇는 것이기 때문이다. 허세를 잘 부리는 사람들은 언뜻 기분 좋고 당당해 보이지만 실제로는 자신감이 낮고 남의 평가에 대한 염려와 불안이 많다. 무엇보다도 귀가 얇다. 한마디로, 자기결정력이 대단히 부족하다.

우리가 만약 무인도에 혼자 있어도 허세를 부릴까? 페덱스 직원이 출장 도중 무인도에 표류했다가 구조되기까지의 과정을 그려낸 영화 『캐스트 어웨이』에서 톰 행크스가 연기한 척

놀랜드는 우연히 배구공을 찾아 윌슨이라는 이름을 붙여 속마음을 털어놓는다. 하지만 허세를 부리지는 않는다. 무인도에 표류하면서 허세 부릴 게 뭐가 있겠냐고 할 수도 있지만, 무려 4년이나 버틴 생존 기술을 자랑하려면 얼마든지 자랑할 수도 있지 않을까. 타인이 부재하면 허세도 없다. 자신이 부족하다는 걸 모르기 때문에 가리고 자시고 할 것도 없다. 하지만 사람들과 같이 있으면 어떻게 그렇게 자신의 부족한 점이 부각되는지. 이때 올바른 자기결정을 하지 못하면 타인의 삶만 선망하고 부러워하면서 속이 '비어' 허기를 느끼게 되고, 이를 감추고자 허세를 부리는 '빌 허'의 알고리즘으로 들어갈 수 있다.

쇼펜하우어는 타인의 눈에 어떻게 비치느냐에 따라 한 사람의 가치와 무가치가 결정된다면 비참한 삶이라고 하면서, "현상의 핵심인 내면을 들여다보면 누구나 똑같이 고통과 궁핍에 시달리는 가련한 희극배우에 불과하다"라고 말했다. 그리고 몇 줄 아래 더 노골적인 표현으로 또 강조했다. "한풀 벗기고 나면 궁핍과 고통에 시달리는 똑같은 가련한 멍청이에 지나지 않는다."[31]

내가 부러워하는 사람들이 멋지고 대단한 사람이 아니라 그도 나도 똑같이 '가련한 희극배우' 혹은 '가련한 멍청이'라는 걸 떠올리면 허세 부릴 마음이 가신다. 좀 더 연기를 그럴듯하게 잘하는 배우들은 있을 것이다. 그래봤자 모두 연극을 하는 것뿐인데 연극을 사실이라 오해하며 나만이 살 수 있는 소중한 내 삶을 폄훼해서는 안 될 것이다.

  중소기업 사장을 남편으로 둔 50대 중반의 여성 내담자는 살면서 돈에 쪼들린 적은 없지만 남편이 과소비를 끔찍하게 여겨 명품 하나 소지한 게 없었다. 하지만 2년 전부터 우연히 참석하게 된 동창회에서 친구들이 죄다 명품백을 자랑하는 게 신경 쓰여 어렵게 남편을 설득하고는, 가진 돈을 융통해서 처음으로 명품백을 사 들고 나가 친구들이 봐주기를 은근히 기대했다. 하지만 친구들은 그새 다른 더 고가의 명품백을 들고 와 재질이 어떻네, 색깔이 어떻네, 돌아가며 수다 떨기 바빴고, 한 친구가 내담자의 백을 흘깃 보긴 했지만 "요즘은 이런 디자인 한물 갔다"라며 화살을 날렸다. 이게 '허세의 세계'다. 한두 번은 해볼 수 있지만 허세도 프로와 아마추어가 있어서 아마추어가 프로를 따라잡기란 쉽지 않다. 돈은 돈대로 날리고(그래봤자 밑 빠진 독에 물 붓기다) 마음은 마음대로 쓰라리다. 원래 허세는 '없는 것'을 감추려고 '있는' 척함을 뜻하는 용어지만, 요즘은 '있는' 사람들이 '더 있어' 보이려 기를 쓰니 당해낼 재간이 없다.

집에 돌아온 내담자는 모멸감, 후회, 속상함에 휩싸여 눈물을 쏟았고 이런 마음이 오래가자 자신이 뭔가 잘못 살고 있다는 생각이 들어 심리상담을 받으러 왔다. 상담을 하면서 내담자는 늘 부모, 스승, 친구, 상사, 남편의 뜻에만 맞춰 살아왔다는 것, 그리고 곧 자식 뜻에도 따를 판이라는 걸 자각했고, '자기결정'으로 생활을 하나씩 바꾸기로 마음먹었다. 나는 "명품백을 다른 사람이 아닌 본인이 필요하다고 생각하면 사시는 거고, 그렇게 자기결정한 후에는 뒤돌아보지 말고 즐겁게 들고 다니면 되겠지요"라고 말했는데, 내담자는 한 달쯤 지나 백을 처분했다. 이유를 물어보니 "내 나이에 명품백 들고 다니는 사람들은 적어도 서너 개 이상 번갈아 들지 나처럼 하나만 들고 다니는 사람은 없어요. 그리고 백을 좋은 걸 사면 구두도 좋은 걸 신어야 하고 옷도 맞춰 입어야 하는데, 평생 청빈하게 살아오신 부모님 생각하면 누가 돈 주고 하래도 못 할 것 같아요. 아, 부모님 뜻 아닙니다. 확실한 제 결정입니다"라고 하면서 웃으셨다.

첫 상담 시 보였던 생기 없던 모습은 온데간데없고 눈빛이 또렷하고 맑았다. 나는 자기결정을 하는 사람들 대부분이 보이는 이런 눈빛을 갖고서 허세 부리는 사람을 본 적이 없다. 그리고 이런 사람들은 삶에서 진정 중요한 것이 무엇인지 잘도 찾아 참 행복하게 산다.

　내담자는 예전에 남 눈치 보며 의무적으로 하던 성당 자원봉사활동 세 개 중 두 개를 정리하는 대신 남은 하나에 진심으로 온 정성을 쏟았다. 명품 가방을 비롯하여 물질적인 욕심은 일절 부리지 않는 대신 가족들과 여행을 갈 때는 최고급 호텔의 스위트룸에 묵었다. 또한 동창회를 끊은 대신 자신과 유사한 불편감을 겪고 일찌감치 모임을 탈퇴했던 친구가 연락을 해와 속마음을 털어놓으며 깊은 우정을 쌓게 되었다. 내담자는 자기 인생이 자기결정을 한 전후로 나뉜다고 말하면서, 예전에는 늘 마음이 조마조마하고 쫓기듯이 살았는데 이제는 당당하고 자기 삶에 깊이 뿌리 내리는 느낌이라고 했다. 융이 들었으면 함박웃음을 지었을 것이다.

　대표적으로 융을 비롯하여, 여러 전문가들이 인생 후반기에 '진정한 자아'를 찾으라거나 '자아통합' '자기실현'에 집중해야 한다는 말을 해왔다. 나 또한 그러려고 하고 내담자에게도 그렇게 하도록 도와주지만, 솔직히 어렵다. 융의 이야기를 좀 더 들어보면, 자기실현은 의식과 무의식의 통합을 통해 이루어지며 이는 개인이 자신의 억압된 감정, 욕망, 꿈을 인식하고 수용하는 과정을 포함한다고 하는데, 이 역시 어렵다. 이를테면 나는 여섯 살까지는 발레리나가 꿈이었는데 그거야말로 나의 '억압된 꿈'이었으니 이제라도 자기실현을 해야 할까? 내 나이와 체형을 고려하면 어림없는 소리다. 하지만 진정한 자아를 찾는 첫 단계가 자기결정이라는 건 확실하게 말할 수 있다. 자기결정을 하다 보면 자신이 무엇을 좋아하고 진정으로 원하는지 저절로 드러나기 때문이다. 한 가지 또 확실한 건, 진정한 자아를 찾는 것에 몰입하는 것만으로도 허세에서 멀어진다. 허세는 진짜 내 모습의 반대편에 있는 것이므로.

사실 우리는 자기결정력이 높네, 낮네를 떠나 그럴 기회 자체가 많지 않았다. 마흔 너머 직장에서 어느 정도의 자리까지 올랐을수록 역설적으로 더 그럴 기회가 없었을 것이다. 부모를 비롯하여 숱한 주변인들의 의견과 결정을 어쩔 수 없이 따랐던 경우가 많았으리라. 그렇게 해서 세상의 중심으로 들어가긴 했지만, 마치 마트료시카 인형처럼 곧바로 또 다른 중심, 또 또 다른 중심이 나와 허탈하지 않았던가.

이제 당신이 결정하고 선택하여 진짜 당신 세상의 중심에 다다르기를 바란다. 그러려면 먼저 감사와 자기결정으로 욕심과 허세로부터 자유로워져야 한다.

더 빨리 상승하기 위해
털어낼 것 2:
감정의 짐

해피니스 커브 상승을 비행기 이륙에 비유했는데, 만약 비행기 바퀴에 무거운 물체로 가득 찬 큰 망이 걸려 있다면 제아무리 세계 최고 성능의 비행기라도 뜰 수 없다.

우리 마음에서 무거운 망을 만드는 부분은 감정이다. 2024년에 2편이 나올 정도로 많은 사랑을 받은 디즈니 애니메이션 〈인사이드 아웃〉은 감정의 영향과 역할에 대한 인식을 크게 높여주었다. '슬픔이'의 손이 닿자 '행복한 가족'이라는 라일리의 중추적인 기억이 불행한 기억으로 바뀌는 것같이, 감정이 주가 되어 마음을 작동시킨다는 스토리에 대해서는 찬반 또는 호불호가 있겠지만 감정의 힘이 무척 세다는 점에 대해서는 이견이 없을 줄로 안다. 그렇다. 감정은 참 힘이 세다. 이 센 감정들이 정리되지 못한 채 엉겨 있으면 아주 무거운 망이 되어 해피니스 커브 상승을 막는다.

불안을 다독이고 불충분감 수용하기

이 책에서는 중년기 우울을 주로 다루고 있지만, 중년기에 겪는 감정이 우울만은 아니며 불안 또한 우울 다음으로 가장 많이 겪는 감정일 것이다. 앞에서 욕심과 허세를 털어내자고 했던 이유도 불안이 공통으로 들러붙기 때문이다. 욕심이 커지는 한, 허세로 자기 모습을 가리고자 하는 한 불안이 가실 일은 없으며, 그러다 보면 〈인사이드 아웃 2〉에서처럼 불안이 불안을 낳고 급기야는 불안 자체가 정신줄을 놓아버림으로써 패닉 사이클에 빠지는 일이 발생한다.

오랜 상담 경험을 통해서든 내 경험으로든 우울은 완전히 털어내는 것이 힘들다는 생각이 든다. 낮과 밤, 해와 달처럼 상극 혹은 대극성으로 이루어져 있는 우주와 지구의 법칙에 따라 인간의 생애와 감정 또한 온통 대극성으로 이루어져 있다. 탄생이 있으면 죽음이 있듯이 기쁨이나 즐거움이 있으면 슬픔이 있을 수밖에 없다. 그러니 슬픔을 기조로 하는 우울은 정도의 문제이지 누구라도 피해 갈 수 없다. 우리 존재 자체가 소멸과 상실을 뜻하는 죽음을 향하고 있으므로 우울은 어떻게 보면 체질이고 운명이기도 하다. 따라서 잠시 호전되더라도 재발이 쉽다. 우리를 둘러싼 외부 상황 자체가 끊임없이 자석처럼 우울을 끌어당긴다고 할까. 하지만 불안은 좀 다르다. 꼭 체질과 운명으로 받아들이지 않아도 된다. 불안이 다루기 쉽다고 하는 것이 절대 아니며, 우울보다는 개입할 수 있는 여지가 좀 더 있다는 말이다.

앞에서 얘기한 것처럼 욕심과 허세만 내려놓아도 불안은 꽤 가라앉는다. 익히 알고 있듯이 불안은 미래에 일어날 일에 대한 걱정이다. 욕심이 커질수록 걱정이 많아지는 건 당연하므로 할 수 있는 한 욕심을 털어낼 수 있다면 걱정이 줄어든다. 물론 선천적으로 불안에 취약한 사람들이 있다. 뇌과학 연구에서 밝혀진 불안 취약 소인, 이를테면 불안 관련 특정 유전자의 활성화라든지 불필요한 뇌 백색질 연결 같은 소인이 있을 수도 있고, 아무런 힘이 없던 아주 어린 시절에 겪은 역경으로 인해 인생 초기부터 불안의 기저선이 높게 형성되었을 수도 있다. 그렇다고 해서 '내가' 할 일이 없다고 포기해서는 안 된다. 선천적으로 불안에 취약할수록 기본적인 불안에 불안을 더 없지 않도록 세심하게 신경 써야 한다. 선천적으로 간이 약한 사람은 술을, 폐가 약한 사람은 담배를 주의하듯이. 그런데 아무리 약한 간을 갖고 태어났더라도 업무 특성상 술을 안 마실 수 없는 경우를 가정해보자. 그래서 어쩔 수 없이 술을 못 끊는다면 그다음에 할 일은 무엇일까? 음주 외에는 간에 해로운 어떤 일도 하지 않아야 한다. 불안을 더 얹지 않도록 하자는 말이 이해되었을 것이다.

모든 일이 그렇듯 감정의 짐을 털어내는 작업도 서서히 해야 한다. 오랫동안 들러붙은 불안에 대해서는 더욱 그렇게 해야 한다. "에이 불안 나빠!" 하면서 내치는 게 아니라 다독이고 조율하면서 서서히 힘이 빠지게 해야 한다. 예를 들어 불안을 완화시키고 보다 자유롭게 살고자 허세를 부리지 않기로 마음먹었다 치자. 하지만 여전히 필요할 때도 있다. 특히 비즈니스 관계에서는 허세를 좀 부려야 오히려 자신 있어 보이고 상대방도 함부로 하지 못할 수 있다.

그러니 상황과 필요에 따라 더러는 조금씩 털어내고 또 더러는 대번에 털어내면 어떨까 싶다. 일단은 어떤 사람 앞에서는 허세 부리지 않아도 편한지 한번 생각해보자. 이직 등의 상황에서 '그러데이션 기법'을 쓰자고 제안했듯이 그런 사람들과의 관계를 차츰 늘려가면 된다. 그러다 보면 부자연스럽고 나를 방어해야 하는 상황이 점차 줄어들고 불안도 자연스레 감소한다.

중요한 것은 본질을 지켜내는 것이다. 솔직히 허세나 좀 멋지게 살아보겠다는 욕심이 죄, 범죄, 악행은 아니지 않은가? 윤리적으로나 가치적으로나 이보다 훨씬 더한 문제 행위가 수두룩한데 목숨 걸고 털어낼 정도는 아니다. 핵심을 놓치지 말자. 당신의 감정의 짐을 덜기, 그것만이 본질이다. 욕심이나 허세를 부릴 때 오히려 불안하지 않고 감정이 편하다면 잠시는 그렇게 하는 것이 옳다. 익숙해지면서 자아의 구조로 편입되는 것만 조심하면 된다.

동서고금을 막론하고 종교서와 철학서에서 정신 건강에 해가 된다고 지적하는 것들에 나이를 먹을수록 고개가 끄덕여진다. 이를테면 욕심에 대해, 불교에서는 모든 번뇌의 원인으로 보고 개신교와 천주교에서는 "욕심이 잉태한즉 죄를 낳고 죄가 장성한즉 사망을 낳느니라(성경)"며 '영혼의 사망'을 경고한다. 젊을 때는 '좋은 말이네' 하고 눈으로 훑기만 했었더라도, 이제 얼마 안 있어 이순耳順이 될 나이라면 말 그대로 귀로 순하게 받아들여 삶의 지침서에 포함해볼 만하다.

불안을 털어내려는 과정에서 맞닥뜨리는 저항은 또 다른 문제다. 욕심은 의욕과 동력으로 여겨져 '살아 있는 느낌'을 주고, 허세는 '멋있게 사는 느낌'을 주어 '자기감'의 한 부분으로 자리 잡아왔기 때문에 버리려 하면 상실감이 들 수 있다. 급한 사정이 생겨 잠시 집을 봐달라고 친구에게 부탁했는데 그 친구가 나 대신 주인 행세를 했던 것을 알게 되어 내보냈다 치자. 그런데 이상하게 친구가 있었던 빈 방을 보면서 외로운 느낌이 드는 아이러니랄까. 이런 불편감 때문에 왠지 옳은 방향이 아니라는 생각이 들며 예전 방식으로 돌아가고자 하는 유혹이 생긴다.

불안은 생존하기 위한 과정에서 생긴 것이고 한때 나를 보호하는 큰 역할을 담당했기에 떨치고자 할 때 저항이 생기는 건 당연하다. 일기를 쓰거나 지인에게 속마음을 털어놓거나 심리상담을 받으면서 그런 모습을 갖게 된 과거 상황을 헤아리면 떨치는 데 도움이 된다. 하지만 시간이 오래 걸릴 거라는 건 각오해야 한다. 과거를 정확하게 기억하고 원인을 규명하는 게 단시일 내 되기란 어렵다. 〈인사이드 아웃〉에 등장하는, 기억 저편으로 밀어넣은 산더미 같은 감정 구슬 더미를 떠올리면 무슨 말인지 이해될 것이다. 당시에는 그런 방법을 써서 살아남은 게 옳았으나 지금은 옳지 않다는, 혹은 지금은 더 성숙한 방법을 쓰는 게 맞겠다는 정도만 인식해도 충분하다. 과거의 방법에 의존할 때 사실은 별로 멋있지 않았다는 저릿한 민망감, 혹은 설사 멋있었다 해도 '인생의 오후'인 지금 쓰기에는 부적절하다는 냉철한 현실감을 직면할 수 있다면 저항이 좀 더 빨리 가실 것이다. '나를 지켜주느라 고마웠어. 하지만 이제 괜찮아. 나 잘 살 수 있을 것 같아. 그러니 이제 떠나도 돼' 이런 식으로 불안을 잘 다독이면 고집 세고 끈끈하며 힘센 불안이라도 서서히 당신을 놔줄 것이다.

욕심과 허세에 공통으로 깔린 두 번째 감정은 불충분감이다. 불충분감을 느낀다면 당연히 보완하는 게 맞다. 하지만 노력했는데도 여전히 그렇게 느껴진다면 그다음은 어떻게 해야 할까?

5세에서 10세 사이의 아이들은 같은 해에 태어났어도 인지 능력의 편차가 크다. 개별 발달 과정이 다르기 때문이다. 하지만 대략 10세가 넘으면 인지 능력이 고만고만하다. 이때부터는 선생님이나 친구의 말을 '인지적으로' 이해하지 못하는 아이는 없다. 그저 성격적 문제나 정서적 불안정으로 인해 조화롭게 지내지 못할 뿐이다.

마찬가지로, 대략 30대까지는 업무 능력의 차이가 있을 수 있다. 하지만 40대로 들어서면 능력은 고만고만해진다. 이제부터는 그간의 경험치와 운에 따라 성과가 달라질 뿐이다. 얘기가 좀 길어졌지만, 마흔 넘은 사람들은 대개 능력이 비슷하고 노력을 기울여온 정도에도 큰 차이가 없다. 그럼에도 다른 사람과 비교했을 때 불충분감이 많이 느껴진다면 어떻게 해야 하느냐는 질문을 드려보는 것이다.

여전히 죽을 각오로 불충분함을 채워야 할까? 당신이 마흔 넘도록 최선을 다해보지 않았다면 마저 최선을 다할 필요가 있다. 이런 경우야말로 '죽기 전에 꼭 해봐야 할 일'에 '최선을 다하기'를 넣어야 한다. 또한 어떤 능력이 부족하다면 마저 닦을 필요가 있다. 그러나 다시 한번 강조하지만, 당신은 이미 최선을 다했고, 당신보다 먼저 목표를 달성한 사람과 당신의 능력은 별 차이가 없다. 그저 경험치와 운의 차이가 있을 뿐이다. 그렇다면 그 경험치를 지금부터 따라잡는 데 전념해야 할까? 에너지가 이렇게나 떨어지는데도? 혹은 행운이 내 편으로 오게끔 빌고 빌어야 할까? 아니다. '인생의 오후'에는 다른 전략을 써야 한다.

첫째, 일반적인, 혹은 업무에 한정적인 경험치들이 아닌 나만의 고유한 경험을 구축하며 새로운 충분감을 맛볼 준비하기. 둘째, 불충분감이 느껴지는 부분이 있지만 그럼에도 충분감을 느낄 수 있는 부분을 찾아 감사하기. 셋째, 그냥 수용하기.

박혜란 선생이 모 매체에서 "인생은 고진감래가 아니라 고진 고, 고, 고^름"라고 하셨다는 말이 기억난다. 그 자신이 저명한 여성학자이자 가수 이적 씨를 비롯한 아들 셋을 서울대에 보낼 정도로 안팎의 성취를 다 해내신 분임에도 삶이 감[॥]이 아니라 고^름라는 것이다. 데이비드 실즈의 『우리는 언젠가 죽는다』[32]에는 재클린 케네디가 자신이 65세에 암에 걸릴 줄 알았다면 그렇게 열심히 윗몸 일으키기를 하지 않았을 거라고 했다는 말이 나오는데, 어떤 심경인지 다들 공감될 것이다. 노력으로도 안 되는 부분이 분명히 있음을 알고, 그런 불충분감을 그냥 수용하기. 마흔 넘으면 '언제' 할지는 각자 다르겠지만 '언제라도' 해야 한다는 것은 분명하다. 여기까지인가 봅니다. 뭐 기분이 좋지는 않지만 어쩌겠습니까. 삶 자체가 그렇다는데, 허허.

수용에 우울한 기조가 깔리는 듯하여 걱정된다면, 곧 잔잔한 평화를 느끼게 될 것이니 안심하셔도 된다. 심리상담을 하다 보면 내담자가 즉시 신나고 즐거운 감정인 '도파민 쪽' 행복감을 경험할 때 당연히 기쁘다. 하지만 한편으로는 그 행복감이 가라앉을 때 다시 우울해지지 않을까 걱정도 되는데, 수용은 은은한 만족감에 가까운 '세로토닌 쪽' 행복감이라 부작용이 거의 없고 아주 오래 지속된다.

그건 그렇고, 당신은 박혜란 선생이나 재클린 케네디가 앞의 말들을 했던 나이가 되려면 한참 멀었다. 이분들의 비애는 육십 넘은 사람들이 공감할 몫으로 잠시 넘기고(언젠가는 당신도 동석해야 한다) 지금 당신이 집중할 일은 털어내기를 통해 마음 에너지 소비효율 1등급 상태를 만드는 것이다. 그다음은? 상승 고, 고, 고!

감정 불청객들 사랑채에 모시기

감정은 1부에서 '중년기 우울증을 몰고 오는 불청객' 중 하나라고 말하기는 했다. 하지만 이 불청객은 사실 내가 부른 것일 수 있다. '내가 언제?'라고 반문할지 모르겠지만 소설 『프랑켄슈타인』에서 프랑켄슈타인이 자신이 창조한 몬스터를 불청객으로 여기며 그로 인해 힘들어하듯이, 내 감정을 만든 사람도 그 때문에 힘든 사람도 나다. 물론 감정이 몬스터는 아니다. 그러기는커녕, 흔히 불청객이 소설에서 처음에는 불편하기 짝이 없지만 주인공으로 하여금 내면을 탐구하게 하여 삶을 변화시키는 반전 캐릭터로 그려지듯이, 사실 감정 불청객들은 삶의 균형을 맞추어 통합하게끔 도와주는 귀한 손님들이다.

그러니 '왜 이런 불청객이 찾아왔지?' 하며 억울해하지 말고 사랑채로 조용히 모시자. 사랑채는 손님을 접대하는 공간으로 안채와 분리된다. 안채, 즉 내 마음의 중심에는 들이지 말되 별채에 모셔 잘 대접해서 필요 이상 난동 피우지 않도록 하자. 불청객이 내 집에 온 이유를 알아내 달래서 흡족한 마음으로 물러가도록 하면 된다.

앞서 불안을 다독여 잘 끌고 가자고 했듯이 다른 감정들도 마찬가지다. 감정은 잘못이 없다. 그저 지금 당신이 어떤 상태에 있는지를 비춰주는 등불과 같다. 때로는 아주 큰불이 날 때도 있지만 보통은 매일매일 작은 등불이 켜진다. 우울한 청색 등불, 분노의 붉은 등불, 무력감의 회색 등불…… 매일 매시간 달라지는 등불을 바라보며, 무엇이 잘못되었고 계속 이대로 살지 무엇을 변화시켜야 할지 생각해보라는 것이다.

조금 선을 넘긴 하지만, 내가 당한 일을 마치 자신이 당한 양 나보다 더 흥분하며 가족처럼 행동하는 손님이 다들 한두 명씩 있지 않은가. 내가 느끼는 다양한 감정을 그런 손님으로 생각하자. 배신감, 탈진감, 무망감 등 다양한 이름을 가진 이 손님들은 무척이나 현란하기도 하고 번잡스러우며 언뜻 보면 내 인생을 헝클어트리는 것 같지만 사실은 내 답답한 마음을 열정적으로 대변해준다. 이들 덕분에 화도 내고 원망도 하다 보니 자연스레 에너지가 올라가며 그 힘으로 또 살아가기도 한다. 이들이 열변을 토해주는 바람에 상처가 응어리지거나 곪지 않고 그 덕분에 새살이 돋는다. 마음의 새살은 어떤 것일까.

　누군가로부터 배신을 당했다면 그가 탐낼 만한 것을 내가 많이 가지게 되었을 정도로 부유해졌기 때문이다. 돈이든 능력이든 심성이든. 뺏길 만한 것이 하나도 없는 사람은 배신을 당할 수도 없다. 그러니까, 마지막에 좀 꼬여서 그렇지 잘 살아왔다는 뜻이며 다시 잘 살면 된다. 배신을 당한 기저에는 근거 없는 과신과 낙관주의, 허영, 허세, 허접한 우월감 등 붕 뜬 마음이 깔려 있었다. 배신자들은 상대방의 이런 면을 기가 막히게 잘 파악해서 이용해 먹는다. 혹은 내가 상대방의 의사와 상관없이 멋대로 호의를 베풀고서는 배은망덕하다고 성급하게 단정지었는지도 모른다. 그러니 이제부터는 그런 겉모습을 떼고 겸손하게 자신을 낮추며 늘 본질을 응시하려 하면서 살아보는 것이다. 이것이 마음의 새살이다.

　탈진감을 심하게 느낀다면 그동안 대단한 시간을 보냈기 때문이다. 최선을 다해 무언가에 전념하지 않았다면 탈진감을 느낄 수도 없다. 그러니까, 마지막에 힘이 좀 빠져서 그렇지 잘 살아왔다는 뜻이며 다시 잘 살면 된다. 혹시라도 혼자서만 잘 살려 했고 다른 사람보다 앞서 나가는 데만 신경 쓴 건 아닐까. 나만 잘하면 모든 게 잘될 거라는 자기중심적 편협함을 갖고 있진 않았을까. 완벽주의의 허울에 갇혀 타인의 칭송을 받으려 허우적대진 않았을까. 탈진의 좋은 먹이가 될 수밖에 없다.

그러니 이제부터는 경쟁심이나 상대적 우월감 등의 딱지를 떼버리고 내적 만족을 우선하면서 '같이' 행복하도록 살아보는 것이다. 탈진감은 개인적 능력 부족에서 생기는 게 아니라 우리에게 끊임없이 일하도록 압력을 넣는 사회구조에서도 발생한다. 그러므로 사회 개선에 힘을 모으는 것도 '같이' 잘 사는 삶에 포함된다. 이미 10여 년 전에 한병철이 『피로사회』[33]에서 언급했듯이, 성과 사회의 주체인 우리가 스스로 착취하는 가해자인 동시에 피해자라는 말에도 귀 기울여봐야 한다. 세상에 '나'만 피해자인 것은 없다. 이것이 마음의 새살이다.

무망감을 느낀다면 그동안 많은 희망으로 긍정적으로 살아왔기 때문이다. 희망이 없었다면 무망감도 느낄 수 없다. 그러니까, 마지막에 삶의 의욕이 좀 시들해져서 그렇지 잘 살아왔다는 뜻이며 다시 잘 살면 된다. 혹시라도 그 희망에 헛된 희망과 비현실적인 기대를 너무 많이 섞진 않았을까. 달콤한 음식만 먹으려 하고 채소를 먹는 삶은 비루하고 초라하다고 성급하게 단정 지으면서 '달콤한' 부와 성공에만 집착했던 건 아닐까. 수많은 음식 중에 그저 단 걸 좀 못 먹었다고 절망하게 된 건 아닐까. 그러니 이제부터는 어떤 희망이 진정한 삶을 살도록 해주는지 생각하며 살아보는 것이다. 이것이 마음의 새살이다.

류시화의 『내가 생각한 인생이 아니야』[34]에는 70년대 중후반대 학번이 겪을 만한 에피소드가 나온다. 대학 신입생 때 친구와 난생처음으로 학교 앞 경양식집에 갔던 작가는 식당에 들어가면서부터 주눅이 들었음에도 호기롭게 오므라이스를 시켰다. 하지만 에피타이저로 나온 희멀건한 국물이 담긴 접시만 바닥까지 긁어 먹은 후 허무하게 밖으로 나오고야 말았다고 했다. 터무니없이 비싼 값을 지불하고서.

우리 또한 그저 에피타이저만 먹고 '내가 생각한 인생이 아니야'라고 말하는 건 아닐까. 그건 삶에 대해 매우 교만한 태도일 수 있다. 교만한 사람은 아직 엄청난 선물이 남아 있음에도 뜯어볼 시도조차 하지 않는다. 플랜 A가 성사되지 않았다고 주눅 들지 말고 경쾌하게 플랜 B, C, D, E, F를 시도한다면, 무망감은커녕 새로운 재미와 호기심으로 내일이 기다려질 것이다.

자존심은 그 자체로는 '감정어'에 속하지 않지만, 온갖 감정의 도매시장급이라 한번 들여다볼 필요가 있다. 자존심을 들먹일 때는 대개 '상했을 때'이다. '싱싱할 때'는 언급하지 않는다.

자존심이 많이 상했다면 치열하게 살아왔다는 뜻이다. 어영부영 대충대충 살았다면 자존심 상할 일도 없다. 그러니까, 마지막에 힘이 좀 부쳐서 그렇지 잘 살아왔다는 것이며 다시 잘 살면 된다. 자존심의 평가 기준을 타인의 눈에만 맞춘 건 아닐까. 더 중요하게는 자존심과 '나'를 동격으로 여기며 과잉 고통을 느낀 건 아닐까. 나는 살면서 맹장염이나 요로결석에 걸려본 적은 없지만 이 병에 걸린 사람들은 세상에서 가장 아픈 통증이라면서 "겪어보지 않았으면 말도 하지 마"라고 말한다. 이런 말을 하는 사람들은 대개 남자들이라 "출산의 고통을 겪어보지 않았으면 말도 마"라고 반박하고 싶지만, 어쨌든 자존심은 맹장이나 요로결석 같은 것이다.

'상하면' 아프다. 그것도 굉장히 아프다. 하지만 맹장이나 요로가 '나'가 아니듯이, 자존심 좀 상한다고 통째 병들었다고 생각하면 안 된다. 맹장이 아플 때처럼, 자존심 상한 그 부분은 떼버리거나 아물게 하되 당신의 존재 자체는 소중하게 갈무리하자. 그것이 마음의 새살이다.

우리는 '모든 곳'에서 '모든 사람'으로부터 자존심이 상하지 않는다. 일부 사람, 일부 상황에서 자존심이 상한다. '모든'이 아니라 '일부분'이라면 해결할 방법은 당연히 있다.

자존심이 상했을 때 취해야 할 태도는 다른 감정들을 대할 때와 똑같다. 감정을 자신과 동격으로 보지 않는 것이다. '나는 매번 실패해. 실망이야. 자존심 상해 죽겠어' 하지 말고 '이번 일은 실패했네. 솔직히 힘에 부치긴 했다. 개선할 점을 찾아보자. 난 아직 건재해' 이렇게 일시적인 일로 정리하자. '나는 화가 많아, 내가 원래 화를 잘 내' 하지 말고 '나는 화가 났었지' 혹은 '지금 화가 나서 힘들어' 하며 감정에 거리를 두는 습관을 들이자.

이런저런 감정의 폭주 중에 워낙 부정적인 감정이 많이 올라와서인지 과거의 과오나 실책이 떠오를 때도 많다. '내' 잘못이었던 일이 떠오르는 거야 그렇다 치겠는데, 다른 사람의 잘못이었는데도 그 상황에 옆에 있었다든지 그걸 알았다는 것만으로 떠오를 때가 많다. '사기꾼 증후군', 즉 진짜 자기 능력은 별로인데 세상이 속아서 좋게 평가해준다고 생각하며 불안해하는 심리를 경험하는 사람도 많다. 하지만 이 모든 감정 경험은 의미가 있으며 결국 당신의 정신적 완성을 위한 것임을 깨닫게 될 것이다.

세상에 맞춰 사느라 상실했던 원래의 자기 모습을 추념하며 기꺼이 슬퍼하자. 그렇게 열심히 살았는데 이 정도밖에 안 된 자신에게 연민을 보내면서 스스로 토닥거려주자. 어쩌면 처음이자 마지막 연민의 시간이다. 이후에는 삶의 재건을 위한 에너지가 떨어져 연민할 시간조차 없을 수 있다. 수치심이나 죄책감 등이 올라올 때는 한 번은 진심으로 뉘우치자. 그런 감정을 느끼게 된 상대방에게 전할 기회가 있다면 진심으로 사과하자. 기회가 없다면 마음속으로라도 '미안해'라고 건네자.

그다음, 넬슨 만델라처럼 살아보자. 그는 『자유를 향한 머나먼 길』[35]에서 "자유로 향하는 출구를 향해 걸어가면서 나는 내 안의 응어리와 증오를 이곳에 두고 가지 않으면 영영 감옥을 벗어나지 못하리라는 걸 알았다"라고 말한다. 무려 27년간 복역했던 사람의 말이다. 이 '감옥'을 당신이 먼저 만들지 않았더라도, 계속 거기에 있기로 마음먹는 것만으로 출구를 찾는 건 한없이 어려워지기만 한다.

내 잘못으로 인한 자괴감과 타인의 잘못으로 인한 상처를 충분히 애도하되, 그만 놓아주자. 부르르 화가 올라올 때는 나의 화를 받고 슬퍼하거나 어이없어 했을 사람들을 생각하며 세상이 나를 얼마나 관대하게 용서해주었는지를 떠올려보자. 내 결례와 실례, 실수, 오만함을 얼마나 자주 눈감아주었던지를.

사랑채가 너무 복작인다 싶을 때

부정적인 감정의 원인을 찾아 잘 달래서 털어내고자 해도 가끔은 사랑채가 너무 복작여 감당이 안 될 때가 있다. 그럴 때는 좀 더 강한 방법을 써야 한다. 감정을 분리수거하여 몇 개는 골방으로 보내자. 골방으로 보낸 감정들은 며칠 더 지켜보거나 며칠 잊고 지내보라. 그러면 애초에 생각했던 것보다 내 인생에 미치는 영향이 없다는 걸 알게 될 것이며 그때 과감하게 쓰레기통에 버리면 된다. 어떤 것을 골방으로 보낼지의 기준은 각자 다르겠지만, 하나 제안한다면 '오늘'을 살아가는 데 반드시 신경 써야 할 게 아니라면 미련 없이 정리해도 좋을 것 같다. 앞에서 간단히 살펴보았던 배신감, 탈진감, 무망감을 예로 들어보겠다.

배신감은 '과거'의 감정이다. 내가 배신을 당했던 과거로 인해 느끼는 감정이라는 뜻이다. 큰 칼에 베인 듯한 아픔이지만 지나간 일이다. 너무 아파서라도 다시는 경험하지 않겠다는 마음이 본능적으로 생기게 되어 있다. 그러니 오늘부터 조심하기만 하면 되는 것이지 '배신자'를 응징할 계획을 세우는 데 소중한 오늘을 쓸 필요는 없다.

무망감은 '미래'의 감정이다. 희망이 없을 것 같다는 것은 미래의 일이 잘 풀리지 않을 것 같다는 생각이자 감정이다. 하지만 진짜 희망이 없을지는 그때 가봐야 알 것이므로 '오늘' 제아무리 많은 시간을 고민하고 염려한들 소용없다. 소중한 오늘을 이 걱정에 쓸 필요는 역시나 없다.

반면 탈진감은 당장 오늘 하루를 버텨내기 위해 꼭 처리해야 하므로 신속히 방법을 찾아야 한다. 이런 감정에는 '오늘'을 써야 한다. 탈진감을 유발하는 상황을 냉정하게 분석한 후 '내가 해결할 수 있는 것'에만 에너지를 모으는 지혜가 필요하다.

때로는 사랑채를 잠시 잊고 다른 일을 할 때 감정 분리수거가 더 잘되며 부정적 감정도 한결 쉽게 처리할 수 있다. 2부 '그럼에도 즐겁게' 부분에서 준비했던 목록을 신나게 써볼 기회다. 여행, 마사지, 맛집 탐방, 친구와 수다 떨기, 독서, 콘서트나 전시회 가기, 선물하기, 반려견과 산책 등 즐겁고 기분 좋은 일을 하라. 혹은 감사 일기를 쓴다든지 새로운 목표를 세워보는 등의 의미 있는 일도 좋다. 이런 활동을 하는 동안에만 감정적 쓰라림이 잠시 잊힌다 해도 효과를 무시하지 말라. 이상적으로는 하루 2~3시간, 그게 어렵다면 최소 30분이라도 기분이 전환되면 차츰 누적되어 어느새 감정 관리가 쉬워진다. 즐겁고 의미 있는 일을 하다 보면 어떤 감정을 챙기고 버릴지 선명하게 판단이 된다.

특히 자연으로 나가기를 권한다. 자연은 그 자체로 치유 효과가 엄청나다. 신경통 환자가 무릎 시릴 때 비가 올 것을 알 듯이 기분이 나빠질 때의 전조 증상을 알아야 한다. 어떤 사람은 가슴에 돌이 얹히는 느낌이라 하고 또 어떤 사람은 두통이 경미하게 온다고 한다. 이때를 놓치면 감정의 격랑에 휩싸이게 되어 조절이 더 힘들어진다. 가장 간단한 방법은 고민하던 자리에서 일어나 밖으로 나가는 것이다. 가까운 공원에서라도 자연에 몸을 맡기고 숨을 내쉬면 마음의 크기가 커지고 해결의 실마리가 잡힌다. 자연의 힘이 그 정도로 강하다. 자연은 지치고 불쌍한 인간이 거저 앉아서 회복되도록 신이 주신 선물이다.

앞에서 육십 세까지 당신은 절대로 죽지 않는다고 말했는데 신체적 죽음만의 얘기가 아니다. 마음도 그렇다. 한 여성 내담자가 오셨다. 남편과 둘 다 38세에 만나 결혼했는데, 결혼식이 끝나자마자 회사를 그만둔 남편은 처음에는 주식으로 번 돈을 조금이라도 내놓더니 급기야 땡전 한 푼 못 가져오게 되었다. 우여곡절 끝에 치킨집을 차렸는데 잠시 열심히 치킨을 튀기던 남편은 6개월이 지나자 아내에게 맡기고 피시방에서 살다시피 지냈다. 결국 빚만 잔뜩 얻은 채 가게를 엎고 상담을 왔을 때 그녀의 나이는 43세였다. 그녀가 "인생 다 끝났어요"

라면서 흐느끼는데, 미안한 말이지만 나는 열 살짜리 아이가 전 재산(용돈)이 든 지갑을 잃어서 인생 다 살았다고 우는 듯한 장면이 떠올랐다. 내가 40대였다면 그녀의 사연에 크게 공감하며 더 울분을 토했을 것이다. 하지만 육십을 목전에 두고 있었던 나는 그러기는커녕 천장을 바라보느라 바빴다. 아주 간단한 말을 어떻게 상처 없이 전달할지 머리를 굴리느라 그랬다. '어떤 나쁜 일이 일어나도 40대를 잡아먹지는 못한다'라는 사실이다.

상처는 당연히 받고 또 오래 남겠지만 그 상처가 '어흥!' 하고 당신을 잡아먹지는 못한다. 당신을 다치게 할 수는 있지만 완전히 쓰러뜨리지는 못한다. 나는 이 말을 온 마음을 다해 전했고, 그녀를 다시 만난 것은 몇 년 후였다. 그사이 이혼을 한 후 요양보호사 자격증을 딴 내담자는 꼼꼼하게 일을 잘하는데다가 타고난 친절함을 인정받아 규모 있는 요양원의 총무로 발탁되었다. 이 소식을 전하러 온 날 그녀의 얼굴이 얼마나 활짝 폈던지 정말 보여주고 싶은 정도다.

다소 상투적인 말일지 몰라도, 그녀를 감정적 격랑에 빠트린 고통이 없었다면 요양보호사라는 천직을 찾을 수 있었을까? 그녀는 요양원 어르신들을 가장 자신 있게 대할 때가 무책임한 배우자 때문에 힘들게 살아온 사연을 들었을 때라며 웃으며 말했다. 하필이면 요양원 대표가 그런 어려움을 당하여 자신이 성심껏 위로해주다가 신의를 얻었다고 하니 운명의 미묘함과 위대함이란!

고생 끝에 낙이니 고통 끝에 성숙이니 전화위복이니 등의 말로 마음의 상처를 서둘러 무마할 생각은 없다. 그저, 아프고 또 아파도 마흔 너머 새롭게 살아볼 시간이 충분하다는 것을 꼭 알려주고 싶다. 자신이 예전에 원했던 대로 살지 못하게 되었어도 결국 그 시간을 건너왔다면 그동안 당신을 힘들게 했던 것이 오히려 고맙게 느껴질 것이다. 예전에 원했던 대로 살았다면 몰랐을 새로운 행복과 즐거움이 기다리고 있을 테니 말이다. 에밀리 디킨슨의 말 "고통스러운 표정이 나는 좋다. 그게 진실하다는 것을 알기 때문이다"처럼, 더욱 진실한 삶에 가까워지는 건 덤이다.

외로움 안고 가기

중년기 우울증에서 외로움을 뗄 수는 없다. 진짜 자기 자신을 찾기 위해 일시적으로 삶의 반경을 좁힐 때는 말할 것도 없고, 누구라도 때가 되면 겪는 감정이다. 각자 때가 다를 뿐이다.

사실 외로움이 가장 문제가 될 때는 노년기다. 외로움에서 죽음에 이르기까지 온통 진검승부해야 할 것이 천지인 노년기에 앞서 아직 팔팔할 때, 적어도 죽음보다는 말랑말랑한 이 문제를 먼저 털고 가보자.

인간이 외로움을 얼마나 부정적으로 보는지는 몇 년 전의 두 가지 보도만 봐도 알 수 있다. 하나는 2018년에 영국 정부가 '외로움 부'를 만들고 장관도 임명했다는 것이고, 또 하나는 《이코노미스트》가 같은 해에 트위터에 올린 "외로움은 21세기의 역병이다"라는 말이다. 이 외에도 외로우면 병에 잘 걸리고 수명도 짧아진다는 연구를 심심찮게 볼 수 있다. 그렇다. 외로움은 좋지 않다. 굳이 이걸 설명하기 위해 종이를 낭비할 필요는 없다.

그런데 앞의 《이코노미스트》 관련 글이 실린 책 『우리가 외로움이라고 부르는 것에 대하여』[36]에는, 1800년대 이전에는 어떤 문헌에도 외로움이라는 단어가 없었다는 흥미로운 얘기가 적혀 있다. 즉, 우리가 외로움 운운한 게 200여 년밖에 안 된다는 것이다. 학자들이 규명한 인류 공통의 여섯 가지 감정에도 외로움은 포함되어 있지 않다.

그 200년 사이에 무슨 일이 있었길래 외로움이 인류 '공공의 적'으로 둔갑했을까. 산업혁명 발발 후 국가가 전 국민을, 심지어 어린 아동까지 공장으로 몰면서 "외롭게 혼자 있으면 안

됩니다. 그건 무척 나쁩니다"라고 선전하면서부터였다는 등의 몇 가지 유력한 가설들이 있지만, 정확하게 밝히는 것은 한계가 있을 것이며 이 책에서 다룰 범위도 아니다. 요점은, 모종의 이유로 외로움에 대한 평가가 나쁜 쪽으로 더 치우쳤을 수 있음을 염두에 두자는 것이다. 어쩌면 외로움은 오해를 받고 있는지도 모른다.

외로움은 물리적 측면과 심리적 측면으로 나눠볼 수 있다. 물리적 외로움은 관계가 소원해져 홀로 있는 경우가 많다는 것이고, 심리적 외로움은 홀로 있든 같이 있든 마음이 외롭다는 뜻이다. 물리적 외로움은 가족의 유대가 강하고 1년에 몇 번씩 명절과 생일 등의 모임이 있는 우리나라에서는 그다지 문제되지 않는다. 작정하고 혼자 있어보려 해도 오히려 여의치 않다. 또한 물리적 외로움은 어떤 방법으로든 세상과 재연결되기만 하면 해소된다. 반면 심리적 외로움의 해소는 이보다는 복잡하다.

자, 외로움은 나쁘기만 한가? 다른 말로, 외로움은 치유의 대상인가? 아니, 외로움은 그저 있는 그대로 받아들여야 하는 인정의 대상이다. 그러니 그냥 안고 가야 한다. 외로움은 내가 무얼 잘못해서가 아니라 어쩔 수 없이 겪게 되는 감정일 뿐이다. 우리는 모두 혼자 세상에 왔고 혼자 세상을 떠난다는 말처럼, 외로움은 삶의 단면을 그것도 그 시작과 종결 부분을 다 아우르는 본질적인 상태를 나타내는 것뿐이다. 마치 "산이 높고 물이 깊다"처럼 삶은 외롭다. 산에게 "너는 왜 그렇게 높니(그래서 내가 정상을 밟지 못하게 하니)?"라고 물을 수 없고, 물에게 "너는 왜 그렇게 깊니(그래서 내가 강바닥을 보기 힘들게 하니)?"라고 따질 수 없듯이 외로워서 외로운 삶일 뿐이다. 그럼에도 그게 어느 날 자각되었다고 '나는 왜 외로운가? 삶은 왜 이 따위인가?'라고 푸념하는 건 비문법적, 비상식적이다. 그만 수선 떨도록 하자. 외로움 자체가 문제가 아니라 외로운 상태에서 우리가 무슨 생각을 하고 어떤 행동을 하느냐에 따라 나쁠 수도 있고 아닐 수도 있는 것이다. 이것을 받아들이면 마음의 부담이 덜어진다. 나쁜 것인 줄 피해야 하는 것인 줄로 알았는데 그게 아니라면 애초에 해소하는 데 지나치게 에너지를 쓸 필요가 없다.

진화학자들은 인류가 지금까지 살아남은 큰 요인으로 유대를 든다. 사피엔스가 다른 동물에 비해 육체적으로 많은 취약성을 갖고 있었음에도 무리를 만듦으로써 대항했기 때문에 지구를 정복할 수 있었다는 설명이다. 이런 설명 또한 외로움은 좋지 않다는 증거로 거론된다. 하지만 이것을 인간의 본질적인 모습이 외롭지 않은 것이라고 단정짓는 건 성급하다고 생각한다. 본질은 외로움이고 그에 대한 적응 형태가 소속과 유대였는데 본말이 전도된 느낌이다.

2000년대 이후 현대사회에서 전 지구적으로 외로움이 문제가 된 것은 선조들처럼 무리 지어 있지 않아도 많은 문제가 해결되기 때문이다. 기술의 발달로 혼자서도 살 수 있는 세상이 되니 자연히 덜 유대하게 되었고, 그러다 보니 본연의 모습이 더 부각되는 것뿐이다.

또한 인간이 무리 지어 살았다고 해서 '개인적인' 외로움도 전혀 없었을까. 문명화 이전의 전통을 유지하고 있는 원주민들의 삶을 들여다 보면, 일정 나이가 된 소년은 부족에서 인정하는 기간만큼 숲에서 혼자 살아남아야 성인으로 받아들여지는 의례가 있었다. 특히나 길고 긴 깜깜한 밤을 외롭게 견뎌야 했다. 그렇게 살아남은 아이가 족장이 되어 부족을 지켜냈으니, 사실은 외로운 사람이, 더 정확하게는 외로운데 이겨낸 사람이 지금의 인류가 있도록 한 공신이라고 할 수 있다. 외로움이야말로 장수하는 능력일지도 모른다. 살면서 반드시 느낄 수밖에 없는 외로움을 이겨낸 사람이 노년기를 맞이할 것이고 또한 노년기의 외로움을 이겨낸 사람이 100세까지 살 수 있을 테니.

몸도 성하고 먹을 것도 충분한데 아침에 눈 떴을 때 '오늘 하루 또 뭘 하며 보내야 하지?' 하며 울적해하는 노인들이 있다. 자신의 외로움을 자식이 자주 찾아오고 손주가 재롱을 피우는 것으로 해소하려고만 한다면 장수가 절대 축복이 될 수 없다. 외로움을 견뎌내는 사람만이 장수의 축복을 온전히 누릴 수 있다. "외로워도 슬퍼도, 재미도 있어서 아직 (저세상에) 못 가" 정도는 되어야 100세까지 너끈히 살 수 있다.

얼핏 주변만 돌아봐도 외로움을 별로 불편해하지 않는 사람이 너무 많아서 지구상의 사람들 반은 그럴 거라고 추측해 본다. 겉으로는 "외로워서 힘드네, 외로우면 문제 있네" 식의 통계 지표가 널려 있지만, 통계 이면의 진짜 삶에서는 사실이 아닐 수 있다. 심지어 자기 일을 하는 데 외로움이 꼭 필요한 사람들도 있는데 음악가, 미술가, 작가 등 창조적인 일을 하는 부류다. 이렇다 보니 창조와는 거리가 먼 일반 사람들에게는 외로움의 유익성이 크게 느껴지지 않을 수 있지만, 대놓고 하는 창조만 창조인가. 다른 사람으로부터 평가를 받는 활동만 창조인가. 요리를 비롯한 우리의 하루 생활이 온통 창조다.

말은 이렇게 해도 외로움이 바닷가 밀물처럼 들이닥칠 때는 사실 힘들다. 그래도 예전에는 외로움을 피하려고 밀물이 안 보이는 시간을 골라 다녔다면, 언젠가부터는 밀물에 몸을 맡기기로 '결심'했다. 지구 생태계를 움직이는 거대한 물결인 밀물 썰물조차도 12시간이면 바뀐다. 내 감정 정도는 더 빨리 바꿀 수 있다. 외로움에 필요 이상의 관심을 기울여 공연히 오래 붙잡고 있지만 않으면 된다. 외로움을 느낄 때면 쓴 블랙커피를 마시듯이 홀짝 넘기곤 다음 일을 한다. 그래. 외롭네. 그래서 뭐? 이 감정은 곧 지나갈 것이고 나는 하고 싶은 일, 해야 할 일이 있다. 잠시 후 외로움은, 외로움의 감정은 지나간다.

외로움뿐만 아니라 모든 감정은 내가 붙들지만 않으면 반드시 지나간다. 삶은, 세상은, 감정 하나를 붙들기에 속도가 얼마나 빠른지 모른다. 지금도 지구는 맹렬히 돌고 있다. 그 속도를 우리가 느끼지 못할 뿐.

다시, 외로움은 나쁘기만 한가? 이제는 여기서 '만'을 빼는 게 맞다. 외로움은 나쁜가? 아니, 오히려 유익하다. 정신 건강하면 빼놓을 수 없는 개념이 되어버린 '회복 탄력성' 평가 문항에 '혼자만의 시간 갖기'가 포함되어 있을 정도로 마음의 회복과 성장을 위한 필수 요소다. 혼자만의 시간을 갖는 것과 외로움은 다르다고 말할 수 있겠지만 외로움 자체가 '홀로'를 전제로 하지 않는가. 외로움의 사전적 뜻도 '홀로 되어 쓸쓸한 마음이나 느낌'이다. 다만, '홀로' 뒤에 쓸쓸한 마음을 느낀다는 설명이 바로 붙는 바람에 외로움을 부정적으로 보게 되는 것 같다.

홀로 있다 해서 반드시 쓸쓸한 마음을 느낄 필요는 없으며 그렇지 않은 사람도 많은데 말이다.

특히 나는 외로움이 참 좋아졌다. 외로움은 과묵한 내 친구다. 진중하고 순수한 눈길을 보내는, 어떻게 보면 가장 나를 잘 아는 벗. 나는 이 벗과 죽을 때까지 같이하려 한다. 아니, 죽을 때 유일하게 데려갈 수 있는 벗이기도 하다. '외로움' 벗에게 스며든 눈물과 웃음, 온기와 지혜를 폭신한 베개를 안 듯이 포근히 안고 데려가려 한다. 이 벗 덕에 나는 고독하지 않게 살다가 세상을 잘 떠나게 될 것 같다.

물론 현실 친구를 만나는 것은 너무도 즐겁다. 모임 일주일 전부터 설레고 거울을 볼 때마다 머리를 묶었다 풀었다 해본다. 하지만 만나서 식사 두 시간 디저트 두 시간 정도를 보낸 후 의미 있는 얘기나 배를 잡을 정도로 재미있는 얘기로 바뀌지 않으면, 자기 자랑과 신세 한탄 그리고 "너는 왜 아직도 그러고 사느냐"는 충고 등이 길어지면서 소금에 너무 절인 배추 같은 말만 오갈 때가 있다. 그럴 때 나는 집에 두고 온 외로움 벗이 그립다. 그러면 마치 집에 소중한 임이라도 숨겨두고 온 양 허겁지겁 "바이 바이"를 외치며 돌아온다. 소파에 기대거나 침대에 누워 숨을 내쉬면서 잠시 걸치고 있었던 페르소나를 벗어던지고 비로소 편해진다.

외로움 벗을 진심으로 만난 후 나는 행복이 두 배로 커졌다. 세상과 접속되면 행복하고 혼자 있어도 또 행복하다. 무엇보다도 이 친구는 허세 없는 평온한 삶을 살도록 도와준다. 다만 가까이 붙어 있다 보니 아예 닮게 되어 말하는 것도 귀찮아질 때가 있다. 하지만 내 얘기를 많이 하는 과거의 시끄러웠던 모습보다는 훨씬 마음에 든다. 이제는 다른 사람의 말을 더 경청하게 되었고 내면의 목소리도 더 많이 듣게 되었다.

외로움을 안고 가기에는 너무 버겁다 싶을 때

모든 사람이 나처럼 외로움을 편하게 받아들일 수는 없다. 외로움을 안고 가기가 유난히 버거울 때 해소할 방법을 알아보자. 삶을 버티는 방법은 많이 갖고 있을수록 좋으므로. 또한 지금 찾아놓은 방법은 나중에 더 힘든 시기(노년기)가 닥쳤을 때 요긴하게 사용할 수 있을 것이다.

그런데 외로움을 해소하는 방법은 이미 알려져 있다. 늘 유대하고 소속되어 외로울 새가 없도록 하는 것이다. 자원봉사만 해도 절대 외롭지 않다. 아니, 자원봉사는 외롭지 않은 정도가 아니라 온기로 가득하다. 문제는 '당신은 자원봉사를 해서라도 외롭지 않을 의향이 있는가'다. 혹시라도 당신은, 당신이 원하는 사람이 당신이 원하는 방식으로 당신을 달래주고 외롭지 않게 해주길 바라지 않는가? 외롭지 않으려는 방식이 애당초 외로움을 유발하고 있었음을 생각해본 적 없는가? 관계에서 만족을 느끼는 기준을 바꿔보자. 소위 '눈을 낮추면' 유대감을 느낄 대상과 상황은 지천이다. 꼭 '그 사람'이어야 한다는 집착에서 벗어나면 심하게 외로울 때는 없다.

작년 봄에 지방 소도시에 강연하러 갔을 때 편의점에서 만난 50대 중반의 두 여성이 기억난다. 각자 '사무치게' 외롭게 지내던 중 우연히 편의점 아르바이트를 함께하게 되면서 낮에는 같이 일하면서 떠드느라, 저녁에는 잠이 쏟아져 외로울 새가 없다고 말하며 까르르 웃으셨다. 이름에 둘 다 '숙' 자가 들어간다며 자신들을 '숙 자매'로 부르면 된다고 하면서. 두 분 다 얼굴에는 기미가 가득했지만 어찌나 밝고 쾌활하시던지 그저 아름다웠고 남쪽 지방에 갈 때마다 생각난다. 외로울 새가 없다는 건 두 분 얘기였는데 이분들을 떠올릴 때마다 왜 나까지 외롭지 않은 건지 모르겠다.

외로움에 관해 사색하면서 알게 된 사실 하나는, 내가 외롭다고 투덜대고 있을 때조차 어딘가의 누구로부터는 언제나 관심과 사랑을 받고 있었다는 것이다. 한 번씩 연락을 주는 독자, 늘 나의 안위를 기도해주는 가족, 매일 기적을 베푸는 신. 스스로 쳐놓은 울타리에 갇혀 미처 느끼지 못했을 뿐이다.

유대와 소속이 당신 취향이 아니라면 그다음 방법도 이미 나와 있다. '혼자서 잘 놀기'다. 홀로 있으면서도 유쾌한 사람들을 살펴보면 다들 혼자 놀기의 달인이다. 그런데 누구든 나이 들면 어쩔 수 없이 혼자 놀아야 할 때가 있지 않은가. 아무리 외향적이고 사교적이라도 나이 들어 이동 제한이 생기면 사람들과 어울리는 게 쉽지 않다. 외향적이고 사교적이면서 낙천적인 사람들은 휠체어를 타서라도 사람들을 만나러 나간다. 하지만 점점 그럴 기회가 적어질 수밖에 없다. 요양보호사가 와 있는 세 시간을 통째로 그렇게 쓰는 사람도 있다지만 일주일 내내 그럴 수는 없을 테니 성에 찰 리 없다.

독서만큼 가성비 좋고 혼자 잘 놀 수 있는 방법도 없다. 노안으로 책을 읽기 힘들다면 오디오 북도 있으니 선물 같은 세상이다. 나도 외로울 때 혼자서 책과 잘 놀았다. 어느 책에든 작가들이 외로움에 관해 쓴 부분이 한두 줄이라도 있기 마련인데, 보통 때라면 지나갔을 그 부분을(그 부분만) 한동안 숨은그림 찾기처럼 찾아 읽었고, 그렇게 안심과 위로와 지지가 쌓여갔다.

최근 읽었던 책 중 외로움에 대한 가장 인상적인 말은 "고독 결핍"이다. 칼 뉴포트의 『디지털 미니멀리즘』[37]에 나오는 말로,

저자의 정의에 의하면 "외부에서 입력되는 정보에서 벗어나 혼자 생각하는 시간을 거의 갖지 못하는 상태"이다. 저자는 인류 역사상 처음으로 고독이 사라질 수 있다고 경고하는데, 일반적으로 좋지 않게 보는 고독에 대해 오히려 결핍을 염려하는 역발상적 접근이 무척 신선하다.

저자는 "고독 결핍"이 발생하면 감정을 처리하고 이해하는 능력, 자신이 누구이고 무엇이 정말 중요한지 성찰하는 능력을 보존할 수 없다고 말한다. 스마트폰으로 세상과 쉽게 연결되긴 했지만, 오히려 그 결과 뇌에서 사회적 기능을 담당하는 회로의 전원을 꺼두는 방법까지 잃어버렸다는 설명도 설득력 있다. 이 회로는 원래 종일 가동하지 말아야 하고 그래야 거기에 필요한 전력을 다른 중요한 인지적 작업으로 돌릴 수 있는데, 이 기능에 문제가 생기는 바람에 현대인들의 정신 건강이 더 나빠졌다는 것이다. 앞에서 외로움이 장수에 도움이 되는 면이 있다고 했는데, 외로움 덕에 오히려 뇌 기능을 잘 유지하게 된다니 과학적 기반을 갖는 얘기일 수도 있겠다.

페르난두 페소아는 『불안의 책』[38]에서 아무리 고귀한 영혼과 정신을 갖고 있다 해도 혼자 살 수 없다면 노예로 태어난 사람이라고 했고, 버지니아 울프는 『자기만의 방』[39]에서 여성들이 자신만의 방에서 평화와 고요함을 가졌더라면 위대한 작가가 훨씬 더 많이 나왔을 거라고 했다. 김정운은 『바닷가 작업실에서는 전혀 다른 시간이 흐른다』에서 세상에서 가장 어리석은 일은 외로움을 피해 관계로 도피하는 것이라며 차라리 외로움을 견디며 스스로에게 진실한 것이 옳다고 했다. 이 외에도 외로움에 대한 많은 작가의 생각과 감정을 그들의 상황에서 헤아려보면서 납득되고 공감되었고, 그러면서 갈수록 평온해졌으며 고립에 대한 불안도 감소했다. 그 결과 외로움 하나 때문에 하루를 망치거나 소중한 시간을 허비하지 않게 되었다.

독서 외에도 요리, 악기 연주, 어학 공부, 교양 강좌 듣기, 뜨개질, 붓글씨 쓰기, 산책 등 혼자서 서너 시간 집중할 수 있는 활동을 하다 보면 하루가 훌쩍 지나간다. 이런 활동들은 노년기의 적막함에 대처하기 위해서도 꼭 모색해놓아야 한다. 적다 보니 내향적인 사람들이 주로 좋아할 만한 활동들이긴 한데 나이 들면 어쩔 수 없이 내향적으로 옮겨지지 않는가.

나이 들면 같이 놀아줄 사람들이 아프거나 세상을 떠났거나 어떤 이유로 멀어져 있다. 그 이유가 사소한 것이라면 까짓것 차 한잔 마시면서 풀면 되지만, 각자의 삶의 고뇌는 태산만큼 높아져 있는데 함께 등산할 에너지는 달리니 거리를 좁히는 게 쉽지는 않다. 멀리 외출하기도 매번 쉽지만은 않다. 당연히 혼자 있는 시간이 많아질 수밖에 없으므로 생활의 반경을 조금씩 좁히고 그에 어울리는 개인적 즐거움을 찾아놓아야 한다.

그래봤자 외향적인 사람은 '혼자 놀기'의 수준이 달라, 영상 통화를 주로 하고 집에서도 외출하듯 화장을 곱게 하고 옷도 화려하게 입는단다. 외향적인 사람은 이런 유쾌함으로, 내향적인 사람은 자신에게 아주 잘 어울리는 평온함으로 외로움과 나란히 살면 될 것 같다. 몰라서 그렇지, 외로움의 매력을 알고 난 후에는 굳이 떠들썩하게 살았던 예전으로 돌아갈 생각이 들지 않는다. 생각해보면 나이 들어 외로울 수 있는 게 얼마나 다행이고 감사한가. 아이가 어려 잔소리를 많이 할 수밖에 없고 아이 마음을 풀어준답시고 억지로라도 말할 수밖에 없던 젊은 시절에는 외로울 시간도 없었다. 외로움도 사치였다. 이제 느긋하게 그 사치를 누려보자.

슈퍼 울트라
마음 연료

○

해피니스 커브 상승력을 훌쩍 높여주는 슈퍼 울트라 마음 연료가 있다. 지금까지 살펴본 '털어내기' 작업이 생각했던 만큼 잘 진행되지 않아 부정적인 생각과 감정이 쌓여 있더라도 이것을 사용하면 커브 상승이 어렵지 않다. 이 마음 연료는 바로 '감사'다. 감사는 앞에서도 욕심을 털어내는 데 도움이 되는 측면에서 짧게 살펴보았지만, 유익함이 너무 커서 그 정도만 다루고 넘어가기에는 아깝다. 감사는 하면 좋고 안 하면 조금 아쉬운 정도가 아니라, 갱도를 헤쳐나오는 광부들의 헤드램프처럼 척박한 중년의 삶을 지탱하고 해피니스 회복에 이르기까지의 난관을 돌파하는 데 꼭 필요한 것이다.

중년기를 버티는 비밀 병기

중년기를 버티는 비밀 병기가 감사라고 하면, 처음에 솔깃해하던 사람들이 "에이" 하며 실망스러운 표정을 짓는다. 조금 미안하긴 하지만 그렇다고 무를 생각은 없다. 감사를 모르는 사람은 없으니 '비밀'이라는 다소 선동적인 제목을 붙인 게 미안하다는 것이지 감사의 효과는 여전히 비밀이니까.

감사, 너무 평범해 보이는 용어지만 그 효과는 당신이 생각하는 수준을 훨씬 뛰어넘는다. 나 또한 '중년의 위기'라는 갱도를 감사로 벗어났다. 감사는 긍정심리학의 주요 주제이기도 한 친숙한 개념이지만, 이론적으로 이해하는 차원이 아니라 몸소 긍정적 영향을 체득한 계기는 따로 있었다.

중년기 우울증이 한창일 때 무얼 해도 마음이 편치 않고 불안만 더해지곤 했는데, 어느 날 어떤 생각 하나가 살포시 머리에 내려앉았다. '지금 이렇게 힘들지만, 아이들이 갓난아기나 유아기였을 때 그랬다면 얼마나 더 힘들었을까. 그나마 지금 힘들어서 다행이다. 감사하다'라는 생각을 한 순간 즉시 마음이 가벼워지고 편해졌다. 어떤 방법으로도 해소되지 않았던

211

답답함이 가시면서 이제 좀 살 것 같다는 느낌이 들었다. 그래서 이런저런 감사거리를 찾아 계속 감사했고 마침내 마음의 짐을 거의 털어낼 수 있었다.

나는 그날 수호천사가 내 머리에 살포시 그 생각을 내려놓았다고 확신한다. 왜냐면 인간(나)의 인식 수준으로는 감사 따위로 우울증에서 벗어날 수 있다고 도저히 생각할 수 없었을 뿐 아니라, 설사 생각했더라도 도대체 무얼 감사할 수 있냐고 따지는 마음이 더 앞섰을 것이기 때문이다.

2부에서 빅터 프랭클이 의미를 발견하는 방법으로 제안한 세 가지 중의 하나가 감사였다고 하면서 나 또한 이 방법으로 의미를 찾고 우울증에서 벗어났다고는 했지만, 나중에 되돌아보면서 연결했던 게 더 크다. 개인적 역경을 극복했을 뿐 아니라 자신이 겪은 고통을 학문적으로 승화한 빅터 프랭클 같은 위대한 학자가 아무리 감사의 중요성을 강조한다 해도 쉽게 마음이 열리지 않았을 거라는 뜻이다. 하물며 내담자들은 더 그럴 테니 설득의 기반을 갖추고자 감사 효과에 대한 과학적 근거를 추려보기로 했다. "그거 제가 해봤거든요. 좋던데요? 그러니 당신도 해보세요"라고 할 수는 없으니 말이다. 그런데 그 과정에서 나부터 감사의 중요성을 더 크게 확신하게 되었다.

뇌과학적 설명을 먼저 보자면, 감사를 하면 자신도 모르게 웃는 표정이 되어 입꼬리는 올라가고 얼굴 긴장이 풀리는데 그러면 뇌로 '안심이다'라는 피드백이 전해진다. 얼굴을 찌푸리면서 감사하는 사람은 없으니 말이다. 전문용어로 '안면 피드백 이론'이라 하는 이 기제가 가동되면 뇌에서는 세로토닌이 분비된다. '어떻게 해, 힘들어서 미치겠어, 불안해 죽겠어'라고 하면 세로토닌 대신 스트레스 호르몬이 분비되지만, '그럼에도 감사해. 다행이야' 하면 세로토닌은 문제없이 분비된다. 상황이 긍정적으로 바뀌지 않아도, '그럼에도 감사해'라고만 해도 세로토닌이 분비된다는 게 핵심이다. 세로토닌 부족이 우울증의 핵심 원인으로 지목된다는 것을 고려하면 대단히 중요한 사항이다.

또한 감사로 긴장이 풀어지면 부교감신경계가 활성화된다. 수많은 질병의 원인이 교감신경계 과활성화라는 사실을 다들 알고 있을 것이다. 감사를 하면 몸이 이완되어 치유와 회복 기제로 전환된다. 또한 엔도르핀도 분비되어 치유 과정에서 통증이 완화된다. 다른 건 제쳐놓고서라도 중년기에 나타나는 신체적 증상과 우울증 완화에서만이라도 감사는 탁월한 효과가 있다. 내가 나았던 것도 이 기제 덕분이다.

감사를 하면 표정이 밝아지는지는 지금 당장 5초 안에 검증 가능하다. 거울 앞에서 얼굴을 보라. 데드마스크 같은 표정

213

이지 않은가? 내가 그렇게 감사를 습관화하려 했어도 거울 앞에 서는 첫 5초 동안은 여전히 이 표정이다. 왜 이러고 사는지 모르겠다, 정말.

본론으로 돌아가, 이제 "감사합니다" 해보라. 즉시 입꼬리가 올라가고 얼굴 근육이 펴진다. 축하한다. 지금 당신은 '안면 피드백 이론'으로 뒷받침되는 생체 안정 기제가 정상적으로 가동하기 시작했다. 하지만, 시작했을 뿐이다. 시작 후 아무것도 안 하면, 아니 오히려 다시 부정적인 생각을 하며 얼굴을 찌푸리면, '안면 피드백 이론'은 역으로 작동한다. 그러면 뇌는 '얼굴을 잔뜩 찌푸리고 있는 걸로 보아 현재 고 스트레스 상태임. 그에 맞는 스트레스 호르몬을 분비할 것'이라는 명령을 내린다. 그러면 스트레스 호르몬이 즉각 분비되고 이는 또 즉시 교감신경계를 과활성화시키며 그다음은 다들 아는 대로다. 생체 안정 기제가 '시작'에서 '지속'으로 이어지도록 부지런히 꾸준히 감사해보자.

감사에 대한 실증적, 경험적 연구들은 현실적으로 더욱 매력적이고 유익한 결과를 보여주는데, 감사를 많이 하는 사람들이 더 뛰어난 성취를 보이고 덜 우울해하며 잠도 잘 자고 면역 기능이 좋아 병에 덜 걸린다는 사실이 밝혀졌다. 성취, 덜 우울함, 숙면, 면역 기능 향상 등은 중년기에 나타나는 신체적 증상에서 탈출하는 데 너무도 필요한 요인들이다. 그것도 그저 감사만으로 그렇다는데 누워서 떡 먹기 같은 이 방법을 안 쓸 이유가 없다.

　요즘 '인생 2회차' 드라마가 유행이다. 현재의 삶이 너무 구차하고 희망이 없다는 생각에 2회차 생으로 다시 행복해지고 싶다는 소망을 반영하는 듯하다. 그러려면 한 가지 필수 전제 조건이 있다. 무엇일까? 일단 죽어야 한다. 그래야 '으악' 소리를 지르며 소용돌이에 휘말려 불쑥 공중으로 튀어 올랐다가 바닥에 쿵 떨어지고, 놀라서 눈을 동그랗게 뜨니 짝사랑하던 사람이 나를 걱정스럽게 내려다보고, 나는 20년 젊어진 팽팽한 몸으로 일어날 수 있다. 그런데 굳이 죽지 않고도 2회차 같은 생을 살 수 있는 기회가 다른 때도 아닌 지금, 중년기에 주어진다.

　마흔쯤 살아왔다면 누구라도 첫 번째 황금기가 있었을 것이다. 그 첫 황금기가 성에 차지 않아서 아직 오지 않았다고 생각할지는 모르겠지만, 학창 시절을 무사히 끝내고 자유롭게 살 기회가 주어졌을 때, 시험에 합격하거나 원하는 일을 하게 되었을 때, 사랑하는 사람의 마음을 얻었을 때, 차나 집이나 기타 자신이 원하는 물질을 소유했을 때 등이 황금기였다. 아무리 첫 번째 황금기가 별로였다고 생각해도 되돌아보면 그때 우리가 얼마나 빛났던지 뒤늦게 알게 된다. 분명 지금보다 가난하고 어설펐지만 눈 뗄 수 없는 아름다움을 발하고 있었다. 성인이 된 자식에게서 뿜어져 나오는 그 부러운 기운을 우리 또한 그 나이 때 다 갖고 있었다. 그럼에도 우리는 그때 황금기였음을 모른 채 정신없이 지나쳤다.

우여곡절 끝에 이제 2차 황금기를 맞이할 기회가 주어졌다. 이제부터 올라탈 상승선을 잘 정비하면 누구라도 그 시간을 맞이할 수 있다. 후회 없이 황금기를 만들고 예전과 달리 이번에는 제대로 만끽하도록 하자. 2차 황금기를 열려면 지구력, 끈기, 평정심, 용기, 창의성 등 많은 덕목이 필요하겠지만, 무엇보다 중요한 것은 감사하는 습관이다. 무엇보다도 감사는 '가성비'가 높다. 지구력, 끈기, 용기 등의 결실을 보기까지는 시간이 오래 걸리지만, 그 즉시 마음을 안정시키고 생체 기제를 회복 모드로 바꿔주는 감사를 장착하면 인생 두 번째 황금기가 성큼 도래할 것이다.

감사의 치유력

심리치료 기법 중에 '감사 테라피'라는 건 없지만, 내담자에게 감사의 습관을 들이게 하면 하나같이 좋은 결과가 나타나 이 신통방통 어여쁜 감사를 '테라피'로 부르고 싶을 정도다. 감사의 치유 기제 중 여기서 살펴보려는 것은 앞에서도 밝혔던 감사의 '종료 효과'에 대한 부분이다. '여기까지 일단 감사. 끝' 하면 마음에 들지 않거나 부족하다고 느껴지는 상황이라도 '종료'된다고 했다. 감사의 이런 면은 부정적인 생각을 다스리는 데 탁월하여 큰 치유력을 갖는다.

덴마크의 심리학자인 피아 칼리슨은 우울증을 치료하려면 우울증을 유발하는 생각에 '거리두기'가 매우 중요하다고 했다. 자기 생각을 인식하고 평가하는 능력을 일컫는 '메타인지'로, 자신이 왜 그렇게 생각하는지 그 생각이 자신에게 어떤 영향을 미치는지를 이해하고 흘러가는 물을 보듯이 생각을 흘려보낼 때 빨리 낫는다는 것이다. 피아 칼리슨은 심리학자 이전에 엄마로서의 경험을 나누며 이해를 높여준다. 그녀가 아들을 막 낳았을 때 의사로부터 아들이 간질 발작을 일으키는 유전적 결함을 갖고 태어났으며 이를 해결하지 못하면 뇌가 손상될 수 있다는 얘기를 들었다고 한다. 그녀는 가슴이 철렁 내려앉고 슬픔에 빠졌으며 온갖 생각이 꼬리에 꼬리를 물고 머릿속을 떠나지 않았다. 또한 아들의 유전적 결함에 대해서라면 하나도 놓치지 않는 슈퍼 맘이자, 의사들에게 물어보는 것뿐만 아니라 직접 조사를 해서 이 분야의 전문가가 되고 싶었다. 하지만 메타인지 치료를 알고 있어서 이런저런 생각에 너무 깊이 빠지지 않을 수 있었고, 해결책을 찾고 이를 치료하는 데 모든 힘을 쏟는 건 내가 아니라 의사들의 몫으로 넘겨 스스로 우울한 상태가 되지 않도록 했다. 아들을 지켜주는 엄마이자 남편에게 버팀목이 되어주는 아내가 되는 것에만 집중했고 결국 온 가족이 위기를 극복했다고 한다.

우리도 이런 상황이었다면 하루 종일 걱정하고 반추하며 보낼 것이다. 하지만 그런 걱정과 반추를 인식은 하되(메타인지), 흘려보내고 더 긍정적이고 건설적인 일에 집중할 때 더 좋은 결과를 얻을 수 있다. 걱정한다고 문제가 해결되는 건 절대 아니므로.

여기까지 이해되었다면 그다음 고민은 '부정적인 생각에 거리를 두려면 어떻게 해야 할까'일 것이다. 다들 겪어봤겠지만 '생각을 그만하자'고 생각하는 게 쉽지 않기 때문이다. 그 자신이 메타인지 치료 전문가이기도 한 피아 칼리슨은 책 『생각이 많아 우울한 걸까, 우울해서 생각이 많은 걸까?』[40]에서 '반추하는 시간 따로 정하기' '주변에 일어나는 일이나 당신이 하고 있는 활동으로 주의를 옮기기' '생각에 거리를 두는 마음 챙김 훈련' 등을 제시한다. 이에 대한 설명은 이 책의 범위를 넘어서는 터라 자세히 다루지는 않겠지만 어떤 내용인지 이해할 수 있을 것이다.

나 또한 그녀의 방법을 전적으로 신뢰하고 내담자들에게 자주 적용하는데, 자기 생각을 집중해서 들여다보면서 원인을 찾고 해소해야 하는 사람이 있는가 하면, 생각을 흘려보내고 다른 의미 있는 일을 하면서 삶의 동력을 찾아야 하는 사람이 있다. 후자의 경우에는 피아 칼리슨이 제안한 방법이 아주 잘 맞는다.

나는 여기에 '감사'를 추가한다. 반복해서 말하지만, 감사는 상황을 종료하는 힘이 있다. '괜찮고, 이만해서 다행이고 감사하다'라고 생각하는 즉시 걱정과 근심은 일단 가라앉는다. 외부 상황이 어떻든 내 마음 상태는 우선 개운하게 정리할 수 있다.

아이가 놀이터에서 놀다가 팔이 골절되어 응급실에 실려 갔다는 전화를 받고 직장에서 병원으로 달려간 한 엄마는, 재빠른 조치로 치료를 착착 받으면서 안정되고 있던 아이의 손을 잡고 '이만해서 다행이고 감사하다. 빨리 병원에 올 수 있어서 감사하다. 아이를 간호할 수 있어서 감사하다'라고 수도 없이 되뇌며 아이의 회복을 믿고 기도했다. 혹시나 해서 단기 입원을 시켰는데 아이는 3일 만에 무사히 엄마 손을 잡고 경중

껑충 뛰면서 퇴원했다. 깁스를 한 팔에 잔뜩 그림을 그린 채. '어쩌다가 아이 혼자 놀게 두었나, 내가 이러려고 아득바득 돈을 벌고 있는 건가' 하면서 주변인들의 탓을 하지도, 자신을 다그치지도 않았다. 살면서 일어날 수 있는 일임을 수용하고 잘될 거라고 믿으며 감사했다. 상황의 '완전 종료'였다. 아이와 부모, 육아 도우미가 이번 일을 통해 새기고 개선할 점에 대해서만 몇 번 의논했을 뿐이다.

정년을 1년 앞둔 한 남성은 직장 건강검진에서 암 의심 소견이 나와 정밀 검사를 받기까지 지옥에 갔다 온 듯한 심적 고통에 시달렸다. 검사 전날, 정말 암이라면 여기까지가 내 운명이라고 받아들이자는 생각이 들면서 이때까지 큰병 없이 직장 생활하며 가족을 부양할 수 있었음에 감사했다. 암이라도 당장 죽을 리는 없을 테니 1년만 버티면 퇴직금을 받을 수 있을 것이고, 8천만 원 정도의 암 진단비를 받으면 대출금도 일부 상환해서 가족들의 부담을 줄일 수 있겠다 생각하니 놀라울 정도로 마음이 편안해졌다. 다행히도 정밀 검진 결과 '경계성 종양' 진단을 받았고 종양 크기가 작아 딱히 치료받을 필요 없이 경과만 지켜보면 된다고 했다. 보험회사로부터 경계성 종양 진단비 600만 원을 받는데 "조금 김샜지만 오랜만에 가족들이 모두 모여 한우 파티를 했다"며 껄껄 웃으셨다. 아주 유쾌한 '상황 종료'였다.

'감사가 기적을 낳는다'라는 말을 하려는 게 아니라 감사하는 순간 마음이 평화로워진다는 사실을 주목했으면 한다. 나이 들수록 평화가 얼마나 소중한지, 또 얼마나 갖기 힘든지 매일 실감한다. 이 거칠고 험한 세상을 견뎌내는 데 그런 존재가 있다면 갖은 방법을 동원해서라도 구해 와야 할 판이다. 마음의 평화를 가질 수만 있다면 문제의 대부분은 그야말로 '시간문제'다. 감사 외에 이런 일을 할 수 있는 것을 나는 많이 찾지 못했으며, 그것도 이토록 유쾌하면서도 예술적으로 완결하는 것은 감사가 유일하다고 생각한다.

물질을 비롯하여 모든 것이 풍족하고 잘 굴러가는 삶을 원하지 않는 사람은 없다. 인류의 이상적인 삶이기도 하다. 하지만 원한다고 반드시 실현되는 것은 아니므로, 내가 바라던 삶이 아닐 때라도 버텨낼 수 있는 대안을 반드시 갖고 있어야 한다. 쉽고 편하면서도 강력한 힘을 가진 감사를 대안으로 갖고 있다면 두려울 게 많이 없어진다.

앞의 '그럼에도 아침에 일어나는 이유'를 찾은 내담자들이 삶의 의미를 부여잡고 힘겹게 살아낼 때도 나는 감사의 습관을 갖도록 늘 독려했다. 의미만으로 버티려면 질식할 수 있기 때문이다. '딸이 있어서 감사하고 딸 결혼식을 볼 정도로 살 수 있어서 감사하다' '상사가 마음에 들진 않지만, 직업적으로 배울 게 있어서 감사하다' '직장 스트레스가 심하지만, 가족을 먹여 살릴 수 있고 아이가 꿈을 펼치도록 도와줄 수 있어서 감사하다' 등을 떠올릴 때마다 안심되면서 불안에 동요되지 않고 버틸 수 있었다. 감사는 대안이 아니라 초안으로 갖고 있어야 할, 고단한 날을 위로하고 견디게 해주는 버팀목이다.

해피니스 커브 상승의 비결

독일 경제학자 하네스 슈반트는 중년에 해피니스 커브가 상승하는 이유를 경제학자의 시선에서 '수학적으로' 분석했다. 그는 1991년부터 2004년까지 2만 3천 명을 대상으로 현재의 삶과 5년 후의 미래 예측에 대한 설문조사를 했는데, 사람들이 젊었을 때는 미래의 성공을 평균 10% 정도 과대평가했다가 막상 기대만큼의 현실이 아니게 되어 실망한다든지, 25세는 30세가 됐을 때 만족도가 7.5점 정도일 것으로 기대하는데 실제로 30세가 됐을 때는 7점을 넘지 못한다든지 등의 사실을 거듭 확인했다. 그런데 만족도 점수가 점점 낮아져 50세부터는 인생이 나아지리라는 희망을 아예 버리게 되다가 오히려 기

당신은 언제나 괜찮다

대하지 못한 기쁜 일들에 놀라워하고 진심으로 감사하게 된다고, 즉 만족도가 높아진다고 한다. 슈반트는 이런 현상을 '예측 오차의 역전'이라 부르면서 인생 전반기에 슬픔을 안겨주던 예측 오차가 후반기에는 반전된다고 설명했다.[41]

하네스 슈반트가 제시한 예는 아니지만 스티븐 호킹도 자신의 삶을 숫자로 매긴 적이 있다. 여러 매체에 소개된 대로, 그는 루게릭병에 걸린 스물한 살 때 "나는 기대치가 0이 됐습니다. 이후로는 모든 게 보너스지요"라고 말했다. 그러면서 자서전이나 여러 인터뷰를 통해, 자신이 어려운 상황에서도 삶의 의미를 찾고자 했고 과학에 대한 열정을 통해 많은 어려움을 극복했다고도 말했다. 그런 것을 보면 어쩌면 스티븐 호킹도 예측 오차의 역전에 따른 만족감을 경험했을지도 모른다. 그 결과 낙담과 절망에 빠지지 않고 의사들이 예상한 수명을 훨씬 넘겨 살면서 위대한 성취를 하지 않았을까 생각해본다.

그럼에도, 나이 들어 행복감이 반등하는 이유가 외부 상황의 호전 때문이 아니라 '예측 오차의 역전' 같은 인지적 요인 때문이라면 김 빠진 맥주를 먹는 것같이 입안이 텁텁할 수도 있다. 하지만 조금만 더 생각해보면, 소용돌이에 휩쓸려 떠내려 갈 판에 찬밥 더운밥 가릴 때가 아니지 싶다. 낭떠러지가 코 앞인데 뗏목이라도 보이면 잡아야지, "내가 원하던 게 아니야.

가시 박히면 어떻게 해. 날 바로 꺼내줘" 하고 외칠 수는 없다.

한 번쯤 들어보았을 재미있는 이야기가 있다. 마을에 큰 홍수가 나서 물이 점점 불어나고 사람들이 대피하기 시작했지만, 한 신실한 남자는 집에 남아 하나님의 구원을 굳게 믿고 기도하며 기다렸다. 이웃이 배를 타고 와서 "어서 배를 타세요!" 해도, 경찰관이 배를 타고 와서 "빨리 배에 타세요! 더 위험해집니다!" 해도, 물이 집을 삼키기 시작해 지붕 위로 올라간 그를 헬리콥터가 구조하려고 해도, 남자는 한사코 "하나님께서 나를 구해주실 거예요. 괜찮습니다"라는 말만 했다. 결국 남자는 물에 휩쓸려 목숨을 잃었고 천국에 가서 하나님을 만나자마자 실망감을 드러내며 따졌다. "하나님, 저는 당신을 믿었는데 왜 저를 구해주지 않으셨나요?" 하자 하나님은 이렇게 대답하셨다. "내가 네게 배도 보냈고, 헬리콥터도 보냈는데, 네가 모두 거절하지 않았느냐?"

우리는 신이 세상을 '달리' 인식함으로써 행복해질 수 있는 기가 막힌 방법을 뇌에 심어주셨는데도 냅다 거절하는 건 아닐까. 이번 생에 인간으로 태어났기에 가질 수 있는 능력임에도 그 가치를 너무 등한시하는 건 아닐까(다른 동물들이 자기한테도 있는 능력이라고 항의한다면 사과한다).

인지적 요인이든 무엇이든 그 때문에 살 만해진다면 얼마나

당신은 언제나 괜찮다

기쁜 일인가. 자각을 잘 못 해서 그렇지 사실 우리는 하루 종일 자신의 인지적 틀의 지배하에 살고 있다. 나는 같은 속도로 차를 몰고 있지만 더 빠른 차 옆에서는 느리게 가며, 이만하면 잘 사는 것 같은데 '잘나가는' 친구를 만나면 갑자기 초라하게 느껴진다. 우리 삶에서 인지가 개입하지 않는 영역은 매우 드물다. 그렇다면 그 인지적 틀을 자신에게 도움이 되도록 이용하는 사람이야말로 현명한 사람이라고 할 수 있다. 무엇보다 내 경험상으로도 '예측 오차의 역전'은 실제로 발생하는 현상이 맞다. 나이 들며 기대치를 완전히 낮추었더니 조금만 좋은 일이 생겨도 그날 하루는 로또 맞은 것 같다.

하네스 슈반트는 인생 후반기의 '반전'이 왜 사실인지를 문학적 포장 없이 현실 상황을 토대로 아주 깔끔하게 설명한다. 기대치가 낮아지다 보면, 고군분투 하지 않고 '슈퍼맨'의 집착에 빠지지 않으며 실현 가능하고 정밀한 목표를 두게 된다는 것이다. 실현 가능성이 높은 목표라면 당연히 달성할 가능성도 높을 테니 만족감과 행복감이 높아지는 것 역시 당연하다. 최신 뇌과학에 의하면 도파민은 하고자 하는 일을 달성하면, 즉 '끝'내면 분비된다고 한다. 거창한 일이든 아니든 상관없이 그저 빨래만 '끝'내도, 일주일 치 밑반찬 만들기만 '끝'내도, 10쪽 글쓰기만 '끝'내도 도파민은 어김없이 분비된다. 도파민이 분비되면 행복감을 느낀다. 행복은 생각보다 그리 어려운 일이 아닐 수 있다. '반전'은 매직이거나 특별한 사람에게만 일어나는 일이 아니라, 인지 능력을 가지고 있고 마음만 조금 비울 수 있다면 누구나 경험할 수 있는 행복의 '과학'이다.

하네스 슈반트가 예측 오차의 역전, 혹은 반전 등의 신선한 표현을 써서 더 현실감 있게 다가오긴 하지만, 인지 또는 생각의 중요성은 세상 문제들을 어떻게 바라보고 해결해야 할지 고민했던 철학자와 심리학자들이 줄기차게 주장해온 것이다. 그 뿌리는 "외부 사건이 우리를 괴롭히는 것이 아니라, 그 사건에 대한 우리의 생각이 우리를 괴롭힌다"라고 말했던 스토아 철학자 에픽테토스까지 거슬러 올라간다. 객관적으로 '좋은' 상황에 있지 못하더라도 그 상황이 주관적으로 '좋게' 느껴지는 것만으로 행복해지는 방법이 있다면, 찬밥은커녕 보슬보슬 따끈한 흰 쌀밥을 먹는 것이라 할 수 있다.

2부에서 시간은 당신 편이며 때가 되면 해피니스 커브 바닥에서 올라온다고 한 바 있다. 그렇게 되는 여러 가지 근거가 있지만, 타당성을 갖춘 하네스 슈반츠의 이론에서 본다면 당신이 예측 오차의 역전을 통해 삶의 반전을 맞을 기회를 가져보는 게 해피니스 회복에 참 중요하다는 생각이 든다. 다만, 이런 기회가 모든 사람에게 오는 것은 아닌 것 같다. "나 눈 안 높거든" 하며 기대치를 낮추었는데도 만족할 만한 일이 오랫동안 없을 수도 있고, 그런 일이 한참 후에 일어나 그새 이미 장기 우울 상태가 될 수도 있다. 또한 일어났어도 그저 '운'이라고만 여기며 감정적 통찰에까지는 이르지 못할 수 있다.

하지만 힘 빠지지 않아도 된다. 우리에겐 감사가 있으니까. 감사는 이런 문제들이 없다. 살면서 감사할 기회가 한 번도 없을 수는 없으며, 감사는 아주 빨리 할 수 있고 감사를 '운'으로 하는 사람도 없다. 감사는 본인의 의지로 하는 것이기에. 물론 여기서 감사는 감사할 만한 일이 일어났을 때 응당 하는 '의례적' 감사나 '이러저러해야만 감사한다'는 '조건적' 감사가 아니라, '그럼에도 감사한다'의 '초월적' 감사, 그럼에도 살아가게 하는 '생존형' 감사다. '그럼에도'처럼 반전을 만들어내는 단어가 있을까.

그래서 감사는 인간의 성장 과정에서 차원이 다른 만족감을 선사한다. 우리는 '고진감래'의 인생 흐름에 익숙해서 '고진' 하고 '감래'를 기대한다. 그런데 '감래'가 오지 않거나 기대했던 것보다 '사이즈'가 작으면 심하게 허탈해하며 급 우울해진다. 하지만 감사는 '감래'와 상관없이 '그럼에도 행복하다'라고 선언하는 것이다. 앞에서 감사의 습관으로 인생 두 번째 황금기를 맞이할 수 있다고 했지만 설사 그 황금기가 오지 못한다 해도 당신은 행복할 것이라고 장담한다. 이미 감사가 습관화되었다면 결과가 행복감에 미치는 영향은 크지 않다.

자기계발서에서 독자들이 많이 읽었을 이야기가 있다. 책마다 약간씩 내용이 다르지만 대충 이런 이야기다. 어떤 사람이 바닷가에서 한가롭게 낚시하면서 간간이 물고기를 잡아 올리자, 지나가던 사람이 더 효율적인 방법으로 훨씬 더 많은 물고기를 잡을 방법을 가르쳐주겠다고 한다. 낚시하던 사람이 그러면 뭐가 좋냐고 하니 "그러면 돈을 많이 벌 수 있다"라고 하고, 또 그러면 뭐가 좋냐고 하니 "그러면 부자가 될 수 있다"라고 하고, 또 그러면 뭐가 좋냐고 하니 "그러면 나이 들어서 자신이 진짜 원하던 일을 할 수 있다"라고 한다. 낚시하던 사람은 "그 일을 나는 지금 하는 것이다"라고 답한다.

젊은 사람들에게 이 이야기를 해주면 시니컬한 반응이 대부분이다. 말장난 같다, 먹고 살 돈이 있으니까 낚시할 수 있었던 것 아니냐는 비평도 많이 한다. 솔직히 이 이야기는 젊은 사람들에게 통하는 이야기는 아니다. 그들은 물고기를 많이 잡는 방법으로 성공을 꿈꾸는 게 어울린다고 생각한다. 그 나이대의 생명력과 높은 에너지 수준, 때로는 무모할 정도의 도전으로 성공과 행복을 가져다준다는 '그 방법'을 자기 것으로 만들고 끊임없이 시도하는 게 맞다.

하지만 중년을 넘어가면, 물고기를 많이 잡을 수 있다는 기대치는 낮아지더라도 행복에 이르는 데 '그 방법'만 있는 게 아니라는 걸 알게 된다. 물고기를 적게 잡아도 어제보다는 한 마리 더 잡았거나 어제만큼만 잡으면 된 거다. 물고기를 잡으러 몸 성하게 앉아만 있어도 된 거다. 물고기 얘기를 나눌 친구가 있는 것만으로도 행복하다. 해피니스 커브 반등의 비결은 당신의 마음, 특히 긍정적으로 생각하고 감사하는 마음에 있다.

해피니스 커브에 스마일 이모티콘 이미지를 중첩해 재치를 부린 그림을 본 적이 있다. 그 때문인지 해피니스 커브를 다시 보면 확실히 양쪽 상승선이 입꼬리처럼 올라간 스마일 이미지가 눈에 들어온다. 우리는 스마일 타임을 다시 가질 수 있다.

다만 이제 솔직히 말하자면, 주관적인 만족감 차원에서 그렇다. 삶이 객관적으로, 남들 보기에도 늘 더 좋아지는 것은 아니다. 그런데 더 나이 들면 주관적인 만족감조차도 유지하기가 쉽지 않다. 억지로라도 웃을 만한 기회 자체가 많지 않기도 하고 만족감을 누리는 뇌 기능 자체에 문제가 생길 수도 있다. 이를테면 알츠하이머병의 중증 상태가 되면 먹어도 먹어도 배고프다고 하고 물건에 욕심을 부리는 등 만족감을 느끼는 능력이 상실된다. 예측 오차의 역전에 의한 인지적 만족감이라도 그걸 인식한다는 것 자체가 대단한 능력이다. 감사, 특히 '그럼에도' 감사하는 것은 실로 대단한 능력이다. 감사는 진정한 슈퍼 울트라 마음 연료다.

재하강이
걱정될 때

○

해피니스 커브에서 어렵게 상승했는데, 딱히 설명할 수 없지만 예전으로 돌아가는 듯한 느낌이 들 때가 있다. 몸이 처지는 게 우울감이 도지는 것 같고, 좋은 일이 있는데도 생각만큼 기쁘지 않아 '이렇게 사는 게 맞나?' 하는 의구심이 들면서 재하강 되는 건 아닌지 불안하다. 결론부터 말하자면, 이는 누구에게나 일어나는 정상적인 과정이니 안심해도 된다. 좋은 일이 생겼는데도 생각만큼 기쁘지 않은 것 또한 중년기를 버터내면서 삶에 대한 조망이 넓어져서 그런 것이니 심란해하지 않아도 된다. 오히려 당신은 지금 성숙해지는 중이다. 차분하게 다시 벗어나면 된다.

재하강은 반드시 온다

재하강이 반드시 온다는 게 달갑지 않은 점이라면, 다행인 점은 하강해봤자 하락 폭이 그다지 크지 않다는 것이다. 52쪽의 '연령대별 인생 만족도' 연구 그래프를 다시 살펴보자. 처음 보았을 때는 중년기에 커브의 바닥에 닿는 부분이 눈에 띄었을 것이다. 이제 곡선의 오른쪽을 보라. 70대 이후 곡선이 하강하는 게 보이겠지만 절대 40대나 50대보다 낮지 않으며, 80대를 넘어야 비로소 60대 초반보다 하강한다. 즉, 재하강한다 해도 중년에 처음 겪었던 최저 지점까지 내려가지는 않는다는 말이다.

더 다행스러운 점은 본격적인 하강은 완전한 노년기에 들어서야 나타난다는 것이다. 따라서 지금 당신이 크게 고민할 부분도 아니다. 다만, 전체 평균 패턴은 그렇더라도 어떤 사람은 생각보다 빨리 재하강할 수도 있다. 또한 각자의 개인적 만족도는 끊임없이 오르락내리락 상승과 하강을 반복할 수 있으므로 '내리락 지점'에서 다시 힘을 낼 방법을 알아둘 필요는 있다.

퇴사 후 첫 책을 출간했을 때 참 좋았고 판매도 잘되어서 만족스러운 상태가 3년 정도 갔던 것 같다. 하지만 두 번째 책을 냈을 때는 책 냈다고 말하기 민망할 정도로 판매가 좋지 않아 다소 무력해졌다. 처음에는 책이 안 팔려서 그런 거라고 귀인하면서 해피니스 커브가 다시 하강할지 모르겠다고 걱정했지만, 몇 달 지내보니 더 하강하지도 않았고 사실은 이럴 걸 이미 알고 있었다는 생각이 들었다. 이럴 줄 알았지만 막상 그렇게 되니 허탈하다? 혹은, '혹시나?' 했는데 '역시나!' 하는 느낌이랄까. 사실 책이 잘 팔리고 있을 때도 아주 큰 기쁨은 아니었고 그저 '다행이다' 정도였다. 쇼펜하우어가 "뛸 듯한 기쁨이라는 것도 모두 오류이자 망상이다"라고 말했다는데 무슨 말인지 알 것 같았다.

이런 모습을 열정이 사그라지는 걸로 볼 수도 있겠지만 나는 감정이 숙성되는 걸로 보고 싶다. 젊었을 때 성숙, 초연, 관조 등의 말을 들었을 때는 나와 전혀 상관없는 용어로 생각했다. 패기와 용기, 열정으로만 가득 차도 모자랄 때다 보니 먼 나라 얘기처럼 느껴지기도 했거니와 나이 들어서도 그런 모습을 가질 것 같지는 않았다.

그런데 막상 나이 드니 내 의지나 노력과 상관없이 자연스레 그쪽으로 옮겨진다. 내가 대단한 마음의 힘을 가져서가 아니라, 바닥을 겪어보니 상승이 그저 감사하고, 재하강이 되는 듯해도 공짜로(?) 상승한 마당에 계속 상승을 바라는 건 양심이 없다는 생각이 든다. 상승 자체가 내 노력 때문이 아니라 시간의 선물과 신의 은총의 합작으로 이루어진 것인데, 은총과 선물을 계속 받지 못한다 해서 아쉬워하고 불평한다는 게 가당키나 한가. 절대 냉소적으로 말하는 게 아니다. 그보다는 중년의 품위를 지키고자 하는 자존심으로 봐주었으면 한다. 이럴 때는 자존심의 속어인 '가오'가 더 어울리긴 한다. 우리가 나이가 드는 거지 가오가 없나! 하하.

시간의 선물을 받을 만큼 건강을 유지한 게 감사하고, 신의 은총을 받아낼 통로를 닦을 수 있는 작은 능력이 있는 것만으로도 감사하고 또 감사한데, 조금 하강이 있다 해서 원망하고 걱정하는 건 제 발로 복을 차는 것 같아서라도 자제하게 된다.

『인생의 오후를 즐기는 최소한의 지혜』[42]를 쓴 아서 브룩스는 독특한 이력의 소유자다. 어릴 때부터 호른 연주자가 되는 꿈을 꾸었고 음악 신동으로 실력도 인정받아서, 열아홉 살에는 대학을 그만두고 실내악 앙상블 전문 연주자로 전국 연주를 할 정도였다. 하지만 솔로 연주자가 되기 위한 노력을 계속 기울이던 20대 초반에 자신의 연주 실력이 퇴보한다고 느꼈고

당신은 언제나 괜찮다

31세 때 패배를 인정했다고 한다. 덕분에 대안을 일찍 마련해 학업 쪽으로 방향을 바꿔 사회과학 교수로서의 새로운 인생을 설계했다. 그러나 젊은 시절 겪은 이른 쇠퇴기의 아픔을 이야기하려니 "이 글을 쓰면서도 마음이 힘들다"라고 하면서 "나는 그런 일이 다시는 일어나지 않게 하리라 스스로 맹세했다. 하지만 데이터는 거짓말을 하지 않는다. 그런 일은 또 일어날 것이다"라고 말한다. 어떤 심경일지 알고도 남는다. 하락을 겪는 것도 힘든 일이지만 다시 일어나는 건 더 힘든 일이며, 그러고도 또 하락하는 건 얼마나 더 힘든 일인가.

하지만 데이터는 거짓말을 안 한다지 않는가. 그런 일은 또 일어날 것이다. 하락과 재하락, 재再재하락을 일상다반사로 여겨야 할 때가 왔다. 슬프다. 그나저나 이 표현을 '삼세번' 했으니, 이제부터는 '담담하다'를 덧붙여도 될 듯하다.

요약해보자. 재하강기는 반드시 온다. 하지만 하락의 폭이 크지 않고 생각보다는 힘들지 않다. 처음에 바닥을 칠 때 워낙 힘들었기 때문에 이후의 하락은 충격의 강도가 그다지 세지 않다. 좀 세게 느껴지더라도 어차피 '아는 맛'이다. 첫 번째 하락기, 즉 바닥을 쳤을 때 했던 일들을 복기하면서 다시 하면 된다. 처음에 했을 때 듬성듬성 빈 부분이 많았을 것이므로 제대로 다시 해볼 좋은 기회이기도 하다. 재하강이 되었다면 재상승도 당연히 있다. 시간의 선물은 그리 야박하지 않다. 불평하거나 짜증 내지 말고 자신이 할 일에 차분하게 전념하고 있으면 시간이 또 "스마일!" 하며 다가온다.

원저 『황혼의 아름다움The Beauty of Dusk』은 우리나라에서 『상실의 기쁨』[43]이라는 약간 다른 의미의 제목으로 번역되긴 했으나 삶의 하락을 맞았을 때 어떻게 살아나갈지에 대한 지혜를 소설처럼 재미있게 전해준다. 저자인 프랭크 브루니는 《뉴욕타임스》에서 20년 이상 간판 칼럼니스트로 명성을 쌓고 다양한 분야에서 주목받는 글을 써왔는데, 쉰두 살의 어느 날 느닷없이 닥쳐온 뇌졸중으로 시신경에 혈액 공급이 끊겨 점점 오른쪽 눈의 시력을 잃어가게 된다. 왼쪽 시력마저 위험해질 수 있는 상태에서 오랜 연인과 이별하고 아버지는 알츠하이머병에 걸린다. 책에서는 그의 절망과 체념, 희망과 재기의 이야기가 잔잔히 펼쳐지는데, 손상된 시각으로 키보드를 치는 일에 익숙해지면서 절망을 떨치고 일어나 "내 세계는 흐릿해졌지만 동시에 예리해졌다. 그렇게 나는 한쪽 눈으로 더 열심히, 더 오래 바라보기 시작했다"라고 당당히 말하게 되었다. 껌껌한 밤에 공원을 달리면서도 예전에 눈이 잘 보였을 때보다 구덩이를 잘 피하게 되는 새로운 감각이 열리고, 자신의 취약성을 인정한 후 장애를 갖고 있었던 친구와 새롭게 우정을 쌓게 된 일들을 겪으면서, 우리가 "열린 도로보다 닫힌 도로를 밟으려고 너무 많은 시간을 허비한다"라는 걸, 그리고 "전방 1미터 정도만 볼 수 있으면 된다"라는 것도 알았다고 말해준다. 그가 한쪽 시력을 잃었다고 절망에 빠져 글쓰기를 포기했다면 듣지 못했을 아름다운 말들이다.

중년기에 처음 바닥을 쳤을 때도 그렇고 재하강을 겪으면서 당신은 무엇을 상실했을까? 그 상실은 글쓰기를 직업으로 가진 사람이 시력을 잃었을 때만큼 충격이었을까. 바로 그런 일이 일어났던 프랭크 브루니는 그럼에도 "언제나 무슨 수가 있다"라고 말한다.

80세를 훌쩍 넘기신 이근후 교수님은 『나는 죽을 때까지 재미있게 살고 싶다』[44]에서 책을 준비할 때부터 이미 시력장애가 와 컴퓨터를 볼 수도 글을 쓸 수도(칠 수도) 없었다고 한다. 이근후 교수님의 '수'는 요양보호사로, 쓰고 싶은 내용을 말로 전하면 요양보호사가 글로 바꾼 후 들려주고 다시 수정하는 식으로 책을 완성했다고 한다. 그러면서도 죽을 때까지 재미있게 사시겠다니, 어르신들은 유쾌한 모습을 보이는 것만으로도 존경스러운 것 같다. 우리에게도 '언제나 무슨 수가 있다'.

상실이 기쁠 수는 없다. 상실은 슬픈 게 당연하며 그럼에도 극복해야 하는 것이다. 그리고 그렇게 할 수 있는 가장 빠른 방법은 그 상태에서 할 수 있는 일을 하는 것이다. 그렇다고 상실이 기쁘지 않은 것도 아니다. 다만 그 기쁨은 극복 후 한참이 지나서 온다. 또한 상실 자체의 기쁨이 아니라, 상실 후 이겨내는 과정에서 새로 얻고 배우고 깨닫는 것들을 통해 오는 기쁨이다.

재하강기가 왔다면 '수'를 잘못 쓴 건 아닌지 점검해보자. 프랭크 브루니의 표현을 쓴다면, '닫힌 도로'에 미련 갖고 헛된 희망을 걸지 않았는지, 혹은 '열린 도로'를 모른 척 무시하고 방법이 없다며 절망하지 않았는지. 반드시 '수'가 있으며 그저 발견하지 못했을 뿐임을 받아들이면 재하강기를 벗어날 답을 찾게 된다. 더 효과적인 새로운 '수'를 발견하기까지의 힘듦은 마음 면역을 키우는 과정이라고 생각하자. 지금 키운 마음 면역력은 삶의 종착지에 이르기까지 수없이 되풀이될 인생의 상승과 하강 나선을 단단하게 지탱해줄 것이다.

빅터 프랭클과 한 달 살기

빅터 프랭클은 2부에서 언급했던 의미치료 창안자인 그분 맞다. 그 빅터 프랭클과 한 달을 살자는 건 당연히 은유적 제목이다. 역경을 극복한 인생 선배의 말을 들어보자는 의도로 제안하는 것이므로 꼭 빅터 프랭클일 필요는 없다. 당신의 상황에 더 맞는, 즉 당신이 어려움을 극복하고 재기하는 데 도움이 될 사람이라면 다 좋다. 어떤 때는 경제적 파탄을 극복한 용기와 방법을 알려주는 사람이, 또 어떤 때는 심각한 병을 이겨낸 단단한 마음과 방법을 알려주는 사람이 와닿을 것이다.

'한 달 살기' 또한 은유적 의미다. 요즘 '제주에서 한 달 살기' '울릉도에서 한 달 살기' 등을 하는 사람들이 종종 있다. 좋은 곳을 가도 오가는 데 시간을 다 쓰고 도착지에서도 핫플레이스에서 사진만 찍고 허겁지겁 돌아오는 여행이 아닌, 유유자적 넉넉한 시간을 보내면서 알려지지 않은 골목길을 걸어보기도 하는 것이다. 그러면서 그곳의 평소의 아름다움을 느껴본 경험자들은 한결같이 돈이 아깝지 않고 무언가 삶의 태도가 변했다면서 다른 사람에게도 틈날 때마다 추천한다.

어려움을 극복한 훌륭한 사람들이 많지만, 우리는 보통 책한 권 대충 훑어보고 '셀럽'에게 잠깐 감탄과 경외심을 가져본 후 금방 예전의 모습으로 돌아가곤 한다. 삶을 다시 살아낸 그들의 비결과 지혜를 내 것으로 갖고 오기엔 턱없이 부족하기에, 한 달 정도 그들의 메시지를 묵상하면서 각자의 삶을 돌아보자고 제안한다.

위로와 도움을 받을 만한 인물을 골라 그들의 삶이 어땠는지 책을 읽거나 이야기를 들어보자. 그리고 적어도 한 달 정도 아침부터 저녁까지 하루를 보내면서 수시로 그들의 삶을 떠올려보자. 어떤 감정이 느껴지는지, 그들의 정신 혹은 영혼이 무슨 말을 해주는지, 예전에 읽거나 들었던 내용인데 새삼 가슴에 박히는 게 있는지 한 달 정도 관찰해보라.

빅터 프랭클과 한 달 살기를 결심한 계기는 앞에서 '의미 발견'에 관한 글을 쓰던 중 자동으로 떠오른 학자이기도 했고, 책을 통해 내가 위로와 지혜를 얻었던 인물 중에서도 역경의 강도가 압도적이어서였다. 사실 학교 다닐 때는 의미치료 공부를 많이 하지 않았다. 당시는 이런저런 이유로 의미치료가 심리치료에서의 주 커리큘럼이 아니었기에 다른 더 유명한(?) 치료 기법을 섭렵하느라 바빴기 때문이다. 프랭클 자신이 의미치료는 기법 자체보다 내담자의 태도 변화와 의미의 발견, 그리고 그런 과정을 돕는 상담사의 태도와 역량을 중요시해서이기도 했지만, 다른 심리치료에 비해 상대적으로 주목을 덜 받은 건 학문 외적인 다양한 상황 변수들이 작용했으리라 생각한다.

어쨌든 심리학을 전공했어도 나 역시 빅터 프랭클이 인류 최대 비극의 현장인 '죽음의 수용소'에서 살아남은 초인으로 더 다가왔다. 이후 전문가가 된 후 현장에서는 그의 이론을 많이 적용했지만 그야말로 이론만 가져다 썼을 뿐이지 이론의 토대를 형성한 그의 삶의 이력을 깊이 살펴보지는 않았다.

그런데 다 때가 있어서일까. 중년이 되어 그의 책을 다시 접하게 되면서 비로소 그의 삶을 자세히 들여다보고 싶다는 생각이 들었다. 의미치료를 주창한 학자로서의 얘기가 아니라 극한 상황을 이겨낸 '인간' 빅터 프랭클의 말을 듣고 싶어서 국내에 출간된 책은 다 읽었고 해외 매체에 소개된 글도 시간 날 때마다 섭렵했다. 그러면서 알게 된 한 가지 흥미로운 점은, 빅터 프랭클을 접한 사람들은 하나같이 삶의 대전환을 경험했다는 사실이다.

그의 책을 국내에 처음 소개했던 이시형 박사는 대학 시절 힘들었을 때 고서점에서 처음 이 책을 본 후 "아무렴 아우슈비츠 포로수용소, 거기보다야 낫지 않느냐" 하면서 다시 일어섰다 한다. 그로부터 한참 후 이시형 박사와 함께 『내 삶의 의미는 무엇인가』[45]를 쓴 이상미 교수 역시 아버지의 죽음으로 인한 상실감, 외로움, 극한적 가난, 미래에 대한 두려움에 지쳐 "내가 살아야 하는 이유가 무엇이냐"는 원망 끝에 자살을 시도한 후 깨어나서 제일 먼저 눈에 띈 책이 이 책이었다고 한다.

두 분은 가장 힘들었을 때 프랭클의 책을 보게 되어 '아무렴, 거기보다는 낫지 않나'라는 생각을 하면서 벌떡 일어섰던 것이고, 나는 그다지 힘들지 않을 때 접하게 되어 '극한 상황을 극복한 위대한 인간 정신'에 감동받는 정도로만 받아들였던 듯하다.

상황이 바뀌어 힘든 상태에서 빅터 프랭클의 책을 다시 정독했을 때 나 또한 동일한 얘기를 할 수밖에 없었다. 중년기가 아무리 시린들 빅터 프랭클이 견뎌냈던 압도적인 고통에 비할 수는 없다는 것을. 하물며 나의 힘듦은, 그의 책을 읽으면서 자신이 힘들어했던 것을 반성했다는 앞의 두 분의 상황에도 한참 미치지 못한 것이었다. 빅터 프랭클의 삶을 '놀랍다' 이상으로 받아들이지 못한 감상적인 미성숙함과 소위 정신 건강 전문가라면서도 그의 말의 진가를 깊게 숙고하지 못했던 근시안적 나태함을 반성하는 의미에서 해보자고 한 게 '한 달 살기'였다.

한 달 살기를 시작한 첫날부터, 빅터 프랭클이 감사했던 상황이 하루에만 100번 이상, 100배 이상 펼쳐지는 세상에 내가 살고 있다는 사실이 새삼 인지되었다. 그는 하루 종일 중노동과 극심한 배고픔에 시달리면서도 아침 해와 저녁노을을 보게 되었을 때 '세상이 어떻게 이리 아름다울 수 있는지' 감탄했다하고, 수시로 막사 밖에서 밤새 서 있는 형벌을 받아야 했는데

비가 오지 않을 때, 5분 동안 샤워할 수 있었을 때, 옮긴 수용소에 굴뚝이 없다는 것을 알았을 때 기뻐하고 감사했다고 한다. 매 순간 살아남기 위해 정신을 바짝 차려 빵을 감추고, 민첩하게 움직이고, 샤워하기 위해 빨리 옷을 벗고, 건강하게 보이기 위해 깨진 유리로 면도하고, 볼을 꼬집어 혈색 있어 보이게 했다고 한다.

아, 그 첫날 나는 깨끗한 수세식 변기가 있는 목욕탕에서 세수하고, 서너 가지 반찬으로 식사하고, 부드러운 빵과 두어 개 과일로 간식도 먹고, 원두를 직접 내려 커피를 마셨다. 많은 옷 중 옷을 골라 입고, 적지 않은 신발에서 신발을 골라 신었으며, 사무실에 도착해서는 공기청정기와 에어컨을 켜고 널찍한 책상에 애지중지하는 노트북과 스마트폰을 펼친 후 작업했다. 비염 기가 있어서 사무실 100미터 내에 포진해 있는 많은 이비인후과 중 한 곳을 골라 치료받았고, 귀가 시 소나기가 내렸지만 아늑한 차 안에서 음악을 들으며 살살 운전해 무사히 돌아왔다. 귀가해서는 향 좋은 샴푸와 바디 클렌저, 따뜻한 물로 샤워하고, 인기 있는 드라마를 보았으며, 스마트폰으로 남은 업무를 정리한 후 어제 햇빛에 잘 말린 보송보송한 이불을 덮고 잠을 잤다. 그럼에도 입맛이 있네 없네 투덜댔고, 입을 옷이 없다고 푸념했고, 미끄러지지 않는 샌들을 하나 사야겠다고 상품을 검색했으며, 차선 변경 신호 없이 급하게 튀어 들어온 앞 차량 운전사 뒤통수를 노려보면서 경적을 울렸고, 낮에 심기를 건드렸던 어떤 사람을 떠올리며 기분 나빠 했을 뿐, 해고 노을이고 뭐 하나 아름다움을 느낀 게 없었다. 고작 그날 하루에 일어난, 그것도 압축해서 쓴 일이다. 결론은 '나 제정신이 아니다', 혹은 '나 인간이길 포기한 것 같다'였다.

빅터 프랭클은 BC 시대의 사람도, 18세기 사람도 아니다. 내가 태어난 20세기에 그저 몇십 년 앞서 태어나 홀로코스트의 희생자가 되었다. 지금으로부터 불과 80년 전에 지구에 실제로 일어났던, 입에 담을 수 없을 정도의 만행을 직접 당하고 목격했던 사람이다. 다른 나라 얘기할 것 없이 우리 부모님과 조부모님이 전쟁의 참화 속에서 혹독하게 살아야 했던 시기이기도 하다. 그때와 비교하면 온갖 것을 누리고 살면서도 만족을 모르고 하루의 소중함과 주변의 아름다움을 느끼지 못하니 제정신을 가진 인간이라고 할 수 있을까. 인간이라면 직무유기다.

우리는 역사를 너무 모른다. 역사를 알려 하지 않는다. 동시대를 사는 사람들과 횡적인 비교만 하면서 그들에 비해 내가 갖지 못한 것을 헤아리고 슬퍼하는 데만 하루를 다 쓴다.

'빅터 프랭클과 한 달 살기'를 마친 후에도 여전히 아쉬운 것도 있고 바라는 것도 있다. 하지만 불평과 원망은 깡그리 없어졌다. 뭔가 불만이 느껴지면 하던 일을 멈추고, 죽은 수용자가 먹던 빵을 가져다 먹었던 수용소 사람들을 떠올린다. 그중에는 빅터 프랭클도 있었다. 그들은 먹을 수 있으면 먹었고, 잘 수 있을 때 잤으며, 그보다 더 차원 높은 일을 할 기회가 되면 최선을 다해 임했다. 빅터 프랭클은 전쟁 말기에 독일군들이 허겁지겁 철수하는 통에 수용소를 걸어 나갈 기회가 있었지만 끝까지 남아서 환자를 돌보았다. 수용소에서 살아서 나갈지 아무도 장담 못 했지만 하루를 열심히 '살았다'.

나는 빅터 프랭클이 삶을 사랑했다고 생각한다. 삶에 무자비하게 끼어든 것들조차 사랑의 최고 경지라 할 수 있는 '있는 그대로 사랑하는' 아가페적 사랑을 했다고 생각한다. 삶에 대한 근본적인 사랑을 가져서인지 빅터 프랭클은 마지막까지 아주 강단 있게 살았다. 수용소에서 살아남았어도 모두가 그처럼 용기 있고 담대하며 너그러운 마음으로 산 건 아니었다. 외상 후 스트레스장애나 죄책감, 우울증, 세상에 대한 분노와 좌절감 등으로 인해 자살한 사람도 있었고 그중에는 이름만 대면 아는 유명인들도 있었다.

『빅터 프랭클의 죽음의 수용소에서』[46]에 프랭클이 고향에 돌아온 후 겪었던 일이 나온다. 그는 사람들이 자신에게 상투적인 인사치례만 하고 조금 관심을 기울여봤자 거의 똑같은 말을 한다는 걸 알게 된다. "우리는 그것을 몰랐어요." "우리도 똑같이 고통받았어요." 남의 고통에 관심이 없는 사람들과 심지어 홀로코스트 부정주의자까지 만나면서 그도 인간인지라 비통해졌고, 자기가 과연 무엇 때문에 그 모든 고통을 겪었는지 스스로에게 묻고 환멸도 느꼈다고 한다. 하지만 그는 환멸의 대상이 인간이 아니라 그토록 잔인해 보이는 운명 그 자체라고, 몇 년 동안 인간이 겪을 수 있는 시련과 고난의 절대적인 한계까지 가보았다고 생각했지만 아직도 시련이 끝나지 않았음을, 시련에는 끝이 없으며 앞으로도 더 많은 시련을 더 혹독하게 겪어야 한다는 사실을 깨닫게 된다고 했다. 그러면서 머리를 '댕!' 울리는 말을 남겼다.

심리치료는 또한 인간이 고통을 견뎌낼 수 있도록 해야 한다. 고통받을 용기가 부족한 사람은 신경증 환자다.

고통이 오면 "앗, 뜨거워" 하며 내치기에 바빴고, 내담자들에게도 최대한 빨리 고통에서 벗어나도록 주력했던 피상적인 내 모습을 돌아보게 한다.

삶에서 고통을 뺄 수 없는데 부정하고 무시한다면 반쪽짜

당신은 언제나 괜찮다

리 인생을 사는 것이다. 삶을 똑바로 직시하고 어떤 상황이든 개의치 않고 사랑하고 책임졌던 빅터 프랭클. 진실한 삶이 어떤 건지 정확하게 말할 수 없지만 그의 삶을 떠올리면 알겠다. 프랭클이 보여준 '진실'과 '사랑'을 살다가 흔들릴 때마다 꺼내 볼 나침반으로 삼으려 한다. 어려운 상황이 닥쳐도 '나는 지금 (프랭클처럼) 삶을 사랑하고 있나?' '나는 지금 진실하게 살고 있나?' 물으면서 견뎌내며 답을 발견하려 한다.

당신에게 재하강기가 왔다면 다시 상승할 수 있을까? 솔직히 알 수 없다. 우리는 미래를 전혀 모른다. 하지만 한 가지 확실한 것은 오늘을 일단 잘 살아야 좋은 미래를 기약할 수 있다는 것이다. 먹을 수 있을 때 먹고, 잘 수 있을 때 자며, 오늘 할 수 있는 일, 하고 싶은 일을 하자. 울고 싶으면 울고, 화내고 싶으면 화내되, 그래도 '내 삶'인데 이 삶, 그 누구도 사랑해주지 않으며 내가 사랑해야 한다. 삶이 때로 가혹하게 느껴지고 바라던 대로 되지 않아 속상하더라도 제정신으로 깨어 있기만 하다면 우리가 얼마나 많은 자유를 누리고 얼마나 많은 선택을 할 수 있는지, 얼마나 많은 것을 소유하고 있는지 알게 된다. 그렇다면 뭐가 문제일까. 빅터 프랭클은 마음껏 울 자유조차 없는 곳에서 버텨야 했다.

빅터 프랭클을 비롯하여 수용소에서 살아남은 사람들은 전쟁이 인간에게 파괴적인 영향을 미쳐 인간 존엄성과 가치를 심각하게 저해한다는 것과 재발 방지의 필요성을 소리 높여 경고했지만, 아직도 지구 곳곳에는 전쟁이 진행 중이고 지구 평화를 위해 내가 한 일도 없다. 그럼에도 "세상을 다 구원할 수는 없지만 세상의 한구석은 구원할 수 있지"라는 말처럼(유대교 랍비이자 작가인 래리 로스Larry Roth가 한 말), 각자의 능력 범위 내에서 할 수 있는 작은 일들을 통해 세상을 조금 더 나은 곳으로 만들 수는 있을 것이며, 그러기 위해서는 역설적으로 내 인생 내가 끝까지 사랑하고 책임지는 것부터 해야 한다.

당신의 '빅터 프랭클'을 찾아 그의 삶을 묵상하는 시간을 가져보라. 세상 여전히 살아볼 만하다. 빅터 프랭클은 전쟁이 끝난 후 의미치료를 창안한 게 아니다. 훨씬 전에 토대를 만들었고 극한의 위기 상황을 통과하면서 더 탄탄하게 만들었다. 재하강기 또한 당신의 능력과 심력心力을 더 단단하게 해줄 것이다.

쉬 어 가 기

해피니스 커브의 바닥을 처음 찍을 때는 당황스럽기도 하고 수습하느라 정신이 없어서 쉬어간다는 건 엄두도 안 난다. 우여곡절 끝에 상승했고 다시 하강했다면 다른 더 효과적인 방법을 모색하는 것도 필요하지만, 아예 한 번 크게 쉬어갈 것을 권유한다.

40대 초반 하계 휴가 때 강원도로 가족 여행을 간 적이 있다. 3박 4일의 일정 중 이틀은 초등학생이었던 아이들에게 맞춰 바닷가에서 놀았고, 마지막 날은 산속에서 쉬어가고 싶어서 오색약수터 근처 민박집으로 밤늦게 들어왔다. 아이들을 재우고 수영복을 말리는 등 분주히 보내다가 녹초가 되어 잠들었는데 다음 날 먼동이 틀 무렵 눈이 떠졌다. 원래 잠이 많은 데다가 전날 너무 노곤해서 10시는 넘어야 일어날 거라고 예상했는데, 나도 모르게 잠이 깼고 그 순간 깊은 산세를 입은 청정하고 향긋한 공기가 코를 지나 온몸으로 퍼지면서 뭐라 말할 수 없는 행복감이 밀려왔다. 습도와 온도가 딱 알맞은 안온함과 인심 좋은 주인장이 햇볕에 정성스레 말린 뽀송한 이불의 쾌적함, 비스듬히 열린 창문으로 보이는 쾌청한 새벽하늘, 지저귀는 새소리가 어우러져 황홀한 평화로움이 느껴졌다. 나는 이불 속에서 몇 번 몸을 배배 꼬다가 대청마루로 나와서 높푸른 하늘이 선명해질 때까지 무념무상으로 있었다. 스마트폰도 없던 때였겠다, 잠에서 깬 아이들이 비비적대며 안길 때까지 완벽한 '쉼'의 시간을 가졌다.

그때 나는 1년에 한 번이라도 꼭 그런 시간을 갖겠다고 작정했지만 지키지 못했다. 매해 상황이 바뀌었고, 휴가를 갈 때도 더 좋다는 휴양지가 있다는 이유로 그곳에 가는 게 매번 밀렸기 때문이다. 정기적으로 그곳에서 재충전했다면 중년기 우울증을 피해 갔을지도 모르겠다는 생각을 해볼 때가 있다. 아마도 중년기에 우울증이 온 사람들은 제대로 쉬어본 적이 없으리라. 이때를 무난하게 넘기는 친구들을 보면 '놀멍쉬멍' 파가 대부분이다. 그래서인지 남들 잘나가는 40대에는 약간 주춤해 보이지만 오히려 50대에 꽃을 피운다. 나태함이나 게으름에 빠져 무책임하게 살지 않는 한 신의 은총은 모든 사람에게 공평하게 내리는 것 같다.

쉬어가도 된다. 아니, 쉬어가는 게 백번 천번 낫다. 글 쓰는 사람들이나 연구하는 사람들이 공통으로 하는 얘기가 있다. 컴퓨터 앞에 앉아서 하루 종일 작업할 때보다 잠시 밖으로 나가 산책하면서 쉴 때 좋은 아이디어가 떠오른다는 것이다. 당신은 이미 바닥에서 올라와본 적이 있다. 그 실력과 저력, 어디 안 간다. 쉬는 중에도 실력은 무르익고 있다. 아니, 쉬어야만 무르익는 부분이 있다.

'불멍' 하듯이 온전히 쉬기만 해도 좋지만 쉬어가는 중에 하면 좋을 일을 두 가지 제안해본다.

첫째, 외국어나 악기 배우기같이 돈벌이나 성과에 얽매이지 않는 유희적 활동이다. 시간 없어서 자주 하지 못했던 등산이나 긴 산책도 좋다. 오색약수터는 이후 못 갔지만, 직장 다닐 때보다는 시간을 쓰는 게 좀 더 자유로워서 동네 앞산, 뒷산, 개울가, 산책로를 자주 걸었다. 그러면서 보게 된 게 가을에서 겨울을 거쳐 이른 봄까지의 산등성이다. 예전에는 휴가를 무조건 여름에 갔기에 울창한 여름산만 내내 보고 다니느라 몰랐는데, 그 속에 묻혀 있던 나무 사이의 길과 텅 빈 산등성이가 고스란히 드러나는 게 꼭 중년에 머리털이 빠져 가르마가 휑하니 보이는 느낌이었다. 그런데 그게 그렇게 정겨울 수가 없었다. 여름의 울창한 산은 멋있긴 하지만 철갑을 두른 성군城軍 같다면, 다른 계절의 산은 그냥 속이 다 보이니 마음만 먹으면 숭숭 꼭대기까지 올라갈 수 있고, 그렇게 산으로 산으로 넘어 해남 땅끝마을까지 갈 수 있을 것 같은 '막역지우' 느낌이다. 꽉 채워지지 않고 비어 있음에도 정겹고 예쁘니 '여백의 미'를 이제야 체감하는 듯해서 겸연쩍기도 하지만, 나이 들수록 빈 곳이 많아질 텐데 생각보다 추하지 않을 것 같아 위로가 된다.

소소한 깨달음이긴 하지만, 쉬는 중에만 얻을 수 있는 이런 깨달음이 하나씩 쌓이다 보면 새로운 가치에 눈뜨기도 하고 의외의 재미가 있다. 그럴 때는 먹고살 최소한의 돈만 있다면 다시 상승하지 말고 그냥 이대로 하강기에 있어도 되겠다는 생각이 들 정도다. 하지만 혹시 '일하기 싫어증'을 간사하게 포장하고 있는 건 아닐까 싶어 아직은 간만 보고 있다. 아무튼, 조금만 눈을 돌려보면 세상 참 재미있는 게 많다.

두 번째는 영성과의 접촉이다. 칼 구스타프 융은 영적 성장을 통해 내면의 공허함을 극복하고 더 나은 삶을 살 수 있다고 말했고, 빅터 프랭클은 영성을 통해 인간이 극한의 상황에서도 삶의 의미를 찾을 수 있다고 주장했다. 프랭클과 융 이외에도 개인적인 역경을 이겨낸 심리치료사들이 영성을 언급한 것에는 그럴 만한 이유가 있을 것이다. 아마도 인간 차원의 방법으로는 당면 문제를 해결하는 데 한계를 느꼈고 영성을 통해 비로소 해법을 얻었던 게 아닐까 싶다. 그렇다면 영성은 종교나 신의 존재에 대한 인정 여부와 상관없이 마음의 평화와 성숙을 위해서라도 추구해야 할 것이다.

상담실에서도 인간적인(?) 심리치료 기법만으로는 한계가 오는 경우가 많다. 한번은 절망에 빠진 내담자를 상담하는 중에 난관에 봉착한 적이 있었다. 그는 그 어떤 삶의 의미나 동기도 가질 수 없다고 했다. 부모는 자신을 버렸고(그는 태어나자마자 보육원에 보내졌다), 열심히 살아냈음에도 사기를 당해 전 재산을 잃었고, 애인과 친구도 자기 곁을 떠났다면서, 세상 누구도 자신을 원하지도 사랑하지도 않는데 무엇 때문에 살아야 하느냐고 했다. 너무도 이해되는 상황이었고, 이 내담자처럼 절망이 심할 때는 '비합리적 신념 수정하기' 같은 작업으로 바로 들어가기도 어렵다. "인생에 기대하는 것은 틀린 것이다. 오히려 인생이 우리에게 기대하고 있는 것이다"라는 빅터 프랭클의 말이 떠올랐지만, 갑자기 큰 바다에 던져놓는 것 같아 역시나 섣불리 꺼내는 게 쉽지 않았다. 나 또한 이 말을 처음 들었을 때 금방 소화가 되지 않기 때문이다. 지금 당장 콜라, 아이스크림, 초콜릿을 먹고 싶은데 참거나 달콤한 건 아예 포기하고 현미와 채소를 먹으면서 건강하기나 하라는 것처럼 들렸다. 무엇보다도, 내담자는 바다에 이르기 전에 냇물과 강가에서 씻어야 할 상처가 너무 많았다.

그럼에도 큰 망을 하나 깔아놓고 싶어서 이렇게 말했다. "그래요. 세상 사람 모두 00님을 원하지 않는다 칩시다. 그렇다면 신도 그럴까요? 그런 상황에서라도 신은 당신이 어떻게 살아내기를 바랄까요?" 예상대로 내담자는 화를 냈다. "그런 말씀 마세요. 신이 있었다면 애초에 나를 이 지경으로 만들었을까요? 어쩜 저희 수녀님하고 똑같은 말만 하세요?"라며 고개를

절레절레했다.

다음번 상담 날, 나는 그가 노여움이 가시지 않은 채 올까 봐 근심 반 대비 반으로 있었다. 그런데 그는 의외의 맑은 얼굴로 나타나 "그날은 화가 났지만 돌아가서 생각해보니 하나님은 항상 나를 지켜보고 사랑하셨던 것 맞아요. 사기를 당한 건 내가 미련해서 덫에 걸린 거였고, 그 때문에 나를 떠난 애인이나 친구는 애초에 진실한 사랑이나 우정이 아니었겠지요. 전 재산을 잃었다고 징징댔지만, 모아둔 돈이 얼마 되지 않아 잃었다고 할 수준도 못 돼요"라고 말하는 것이었다. 안도의 숨을 내쉰 내게 내담자는 지난 상담을 마치고 돌아간 후 마음이 정리가 안 돼서 보육원 수녀님을 뵈러 갔던 이야기부터 꺼냈다.

하필 그날은 친부모에게서 심한 학대를 입은 아이가 잠시 맡겨져 수녀님은 눈물바다셨고 내담자도 간병을 거드느라 정신이 없었다고 한다. 아이가 어느 정도 진정되자 비로소 수녀님은 내담자를 원장실로 데려갔고, 누구보다 건강하고 밝게 자라 공부도 잘 마치고 취직도 빨리 되었던 그의 사진들을 보여주면서 그가 얼마나 다른 아이들의 부러움 대상이었는지 얼마나 수녀들의 자랑이었는지 들려주셨다. 그러고는 "비록 부모가 너를 버렸지만, 세상에는 부모 밑에서 사는 게 지옥인 애도 있단다. 나는 하나님이 너를 보호하려고 부모 품에서 떼어 우리 보육원으로 보내셨다고 생각하는데?"라고 말씀하셨다고 한다. 그때까지도 눈물을 참고 있었던 내담자는, 청년자립후원회에서 피해 금액을 일부 구제해주기로 해서 안 그래도 연락하려 했다는 수녀님의 말을 듣자 결국 울음을 터뜨렸다. 하지만 오열을 한 건 수녀님의 다음 말을 듣고 나서였다.

"그저 착하고 성실하게 살라고만 했지, 세상을 사는 데 꼭 필요한 경계심을 충분히 가르쳐주지 못하고 내보내서 미안했다."

그는 지난번에 못 했던 답을 하겠다며 "신은 어려운 상황에서도 내가 포기하지 않고 살아가기를, 기필코 꽃을 피워내기를 바란다고 생각합니다"라고 말했다.

영성을 통해 어려운 상황에서 삶의 의미와 자신의 존재 가치를 찾는 게 결코 쉬울 수 없다. 누구에게나 적용할 수 있는 것도 아니다. 하지만 심리적 저항을 넘어 영적 차원에서 자신의 문제를 들여다보는 사람은 삶의 태도가 확연히 달라진다. 영혼의 힘에 기대본다 해서 모두가 이 내담자처럼 '우주의 기운이 모여서' 즉각적으로 드라마틱한 문제 해결이 일어나는 건 당연히 아니다.

하지만 내가 강조하고 싶은 본질은 따로 있다. 나는 이 내담자가 평생 간절히 듣고 싶었던 말이 '미안하다'였을 거라는 생각이 든다. 부모와 사기꾼을 포함한 세상 많은 사람으로부터. 그의 목마름과 갈급함을 알아차린 영혼이 발걸음을 보육원으로 향하게 했고, 눈빛만 봐도 모든 것을 알아차리는 수녀님의 입을 통해서 마침내 그 말을 들었을 때 가슴 속 응어리가 녹아내렸을 것이다. 그 결과 상처 입어 너덜너덜해진 마음을 일부라도 씻어낼 수 있었다. 경제적 지원을 받는다 쳐도 이런 마음의 회생이 없었다면 다시 일어나 기필코 꽃을 피워내겠다고 마음을 다잡는 게 쉽지 않았을 것이다. 영성을 통해 그는 마음을 단단하게 회생시켰다. 이후의 상담에서도 주도적으로 마음의 상처를 털어내려 노력했다.

그 비결은 영혼의 본래 모습을 찾아서일 것이다. 영혼은 절대적인 지성체로서 완전무결하므로 본래 모습을 찾기만 하면 인간적 차원에서 문제라고 생각했던 것이 다르게 보인다. 다들 알다시피 인간은 몸과 마음(정신), 그리고 영혼으로 이루어져 있다. 몸과 마음은 상처를 입고 해지고 낡아지더라도 영혼은 그런 일이 있을 수 없다. 『따귀 맞은 영혼』[47]이라는 우울증 환자들이 많이 언급하는 책이 있다. 하지만 영혼이 따귀를 맞을 수 있을까? 국내에 번역되면서 제목이 바뀌었나 싶어서 원서를 찾아보아도 영혼seele이 맞긴 하다. 그렇더라도, 작가가 말하려는 건 상처 입은 마음의 치유일 거라고 짐작했고 책에서

당신은 언제나 괜찮다

확인해도 그렇다.

영혼은 아름답고 귀하고 어여쁘며 완벽하다. 몸이 굽고 머리털이 빠지고 여기저기 주름이 보이며 바라던 대로 일이 풀리지 않고 세상 사람 누구도 나를 사랑하거나 칭찬하지 않아도, 아마존 전사같이 탄탄하고 보드라운 아가 엉덩이같이 매끈하고 윤기 나며 빛나는 영혼은 전혀 타격을 받지 않으며, 세월에 바래고 상처로 너덜너덜해진 인간의 몸으로 살고 있는 나를 감싸고 사랑한다. 그럼에도 그 영혼을 잠시 망각하고 온통 마음의 상처에만 머리를 싸매고 있다 보니, 영혼을 소유한 부자임에도 마음밖에 없다는 듯 빈한하게 살고 있다 보니, 삶의 의미를 상실하곤 하는 것이다.

세상의 재미는 참 짜릿하고 강렬하다. 하지만 중년 이후로는 언제까지 그럴 수는 없다. 이제부터는 은은한 아로마 향 같은 영성과의 접속을 늘려야 한다. 그래야 지치지 않고 길게 갈 수 있다. 등 뒤가 따뜻하고 든든한 느낌이 들어 불안이 감소하고, 융이 말했듯이 공허함도 사라진다. 영성과의 접촉, 재하강기에 하기 딱 좋은 일이다.

골든
서드 에이지

○

마흔에서 육십 사이는 인생 주기에서 서드 에이지third age로, 등산에 비유하자면 하산해야 하는 포스 에이지fourth age 전의 생애 최정상 지점이다. 갱년기 증상과 중년기 우울증을 비롯한 온갖 격변에 시달리는 데다가 해피니스 곡선의 바닥을 찍는다는 것 때문에 빛바랜 쭈글쭈글한 옷을 입고 있는 것같이 느낄 수 있지만, 신데렐라가 잿빛 투성이의 옷을 입고 고생한다 해도 신데렐라가 아닌 게 아니듯이 마흔에서 육십 사이는 생고생을 해서 그렇지 사실은 인생의 황금기다. 수명 증가에 따라 앞으로 피프스 에이지fifth age, 식스 에이지sixth age로 더 세분될지는 모르겠지만, 분모가 아무리 늘어난들 분자에 해당하는 마흔에서 육십 사이는 불변의 골든 서드 에이지다.

황금은 찌꺼기 하나 버릴 게 없다. 마찬가지로 이 골든 에이지, 한 톨의 시간도 버릴 게 없다. 긍지와 자부심, 애정을 갖고 활짝 피워내 충분히 만끽했으면 한다.

몇 살로 돌아가고 싶습니까?

앨런 D. 카스텔의 『나이 듦의 이로움』[48]에 노인들에게 몇 살로 돌아가고 싶냐고 물었더니 딱 10년 정도만 뒤로 가고 싶다고 응답했다는 내용이 있다. 20대나 30대로 돌아가기를 원한 사람은 한 명도 없었다. 그 나이가 가장 빛나는 시기였음에도 다시 살아보고 싶은 시절은 아니라는 것이다.

바버라 브래들리 해거티 또한 『인생의 재발견』[49]에서 위기를 겪었음에도 중년기를 최고의 시기로 여긴다는 사람들의 얘기를 통해 중년은 수입, 주변의 인정, 이성적 사고력이나 문제 해결 능력의 절정기이며, 이미 경험도 많이 쌓았고 위기를 견뎌낼 정신적, 신체적 기능이 충분한 상태라고 말했다. 조너선 라우시는 앞의 책에서 50~70세에는 만성적 건강 문제뿐 아니라 스트레스가 여전했음에도 주관적인 불편감은 젊은 연령

층에 비해 20%나 감소했다고 하면서, 이를 '나이 듦의 역설'이라고 표현했다. 서던캘리포니아 대학의 심리학자인 아서 스톤이 실시한 위 연구에 참여했던 150만 명의 피검자들은 "스무 살로 돌아가고 싶은가?"라는 질문에 대부분 "그냥 지금 이 나이로 있을래요"라고 응답했다고 한다.

데이터 기반의 얘기를 하느라 좀 길어졌지만, 요컨대 노인들은 원숙함을 그대로 갖고 가면서 육체적으로 조금 더 건강한 딱 그 나이로만 돌아가기를 원한다. 바로 마흔에서 육십 사이다. 젊은 사람들은 마흔 넘으면 인생 다 산 것 같아 끔찍하다며 그 나이에는 도대체 무슨 재미로 사느냐는 말을 많이 하는데, 더 살아보면 인생 최고의 시기가 바뀌는 것을 알게 될 날이 올 것이다.

당신이 지금 늦가을의 사과나무라면, 지나온 봄꽃과 여름과 초가을의 사과가 다 떨어져 초라해졌다고 느낄 수 있다. 무언가 하나씩 상실해가는 건 본인이 제일 잘 알고 제일 속상하다. 하지만 다른 나무나 풀은 여전히 그 사과나무를 부러워한다는 걸 알아야 한다. 사과나무의 꽃이나 열매 때문이 아니라 사과나무 그 자체를. 마흔에서 육십 사이의 중년은 이전에 비해 기운 것들에 속상해하느라 자신이 여전히 얼마나 매력 있고 대단한지 모른다. 그보다 더 멀리 산 사람들이 '이상형'으로 당신들을 꼽는다는 것을 모른다.

좀 전에 사과나무의 꽃이나 열매를 부러워하는 게 아니라 사과나무 자체를 부러워한다고 했듯이, 중년이 멋져 보이고 믿음직스러운 건 외적인 게 아니라 그 나이가 함축하는 경험치와 실력, 통합적 판단력, 품성 등 내적인 것들 때문이다.

50대 후반에 한번은 친구들과의 모임이 있었는데 마침 모두 한 달 뒤에 중요한 일이 놓여 있었다. 한 명은 수술 예정이었고 한 명은 출간 예정이었으며 또 한 명은 큰 사업의 수주를 앞두고 있었다. 우리는 누가 먼저랄 것도 없이 수술할 의사와 상대 사업체 실무자와 출판사 편집자의 나이를 번갈아 물어보았고 각각 50대 초반, 40대 후반, 40대 중반이라는 답을 듣자 모두 크게 안심했다. 알 만큼 알고 경험할 만큼 경험했으며 돌발 상황에도 너끈히 대처할 수 있는 무한신뢰의 나이대 사람에게 자신의 운명(?)을 맡길 예정이었던 친구들에게 우리는 돌아가며 덕담했다.

"와, 잘됐다. 책 아주 쌈박하게 나오겠네."

"다행이다. 그쪽 실무자가 넘치지도 모자라지도 않게 잘 판단하겠구먼."

그중에서도 수술 예정이었던 친구가 가장 많은 격려를 받았다.

"진짜 잘됐네. 수술 중에 크게 긴장하지도 않고 마무리는 얼마나 잘하겠으며 응급 상황은 또 얼마나 잘 대처하겠어? 넌 그냥 한숨 자고 나오면 되겠다."

우리들이 평가한 모습이 마흔에서 육십 사이 중년의 실체다. 못 할 것도 없고, 안 해본 것도 없이 두루 잘하며, 자신이 맡은 바를 끝까지 책임지는 아주 섹시한 존재들이다. 인생을 어느 정도 살아보니 일 잘하는 사람이 제일 멋지다. 그다음은 성실하고 관대한 사람, 그다음은 규칙적인 생활을 하는 사람이다. 일탈과 변절이 너무도 쉬운 지금의 세상에서 무슨 믿는 구석이 있길래 그렇게 성실하고 관대하며 또 규칙적으로 사는지, 행복의 비술秘術을 깨친 자들 같고 신비한 매력을 뿜어낸다. 우리들이 그때 안심했던 것은 본인도 그 나이대에 각자의 영역에서 절정의 기량을 펼쳤다는 걸 부지불식간에 알고 있기 때문이었다. 인정을 못 해서 그렇지. 그리고 다른 상실에 더 마음이 쓰여서 그렇지.

하지만 이렇게 된 건 비단 개인적 소인만은 아니다. 한 번이라도 제대로 인정을 받아본 적이 없다 보니 '아 나는 아직 부족한가 보다, 아직 멀었나 보다' 하며 반 최면에 걸려 자신의 가치를 모를 수밖에 없었다. 윗세대로부터 늘 최선을 다하라는 말을 들었고, 최선을 다했어도 잘했다는 말을 들어본 적이 없으며, 항상 더 잘해야 한다는 말만 들었다. "당신들 중년, 대단해. 멋져" 이런 말을 들어본 적이 없다는 것이다. 하지만 이제는 알겠다. 진짜 부러운 사람에게는 부럽다는 말을 안 한다는 걸. 그런 말을 들으면 기고만장해져서 자기 말을 안 듣는다고 생각해서일까. 혹은 부럽다는 말을 공식화하는 순간 자신이 초라해지는 것 같아서일까.

자, 나라도 확실히 말하겠다. 당신들 멋있다. 당신은 정말 놀라우며 인류의 보고寶庫다. 이런 보고를 하나 만들려면 천문학적인 돈과 시간이 필요하다. 당신은 그저 열심히 살아낸 것만으로 그런 엄청난 비용을 아끼면서 여기 정상까지 올라왔다. 나는 말할 것도 없고, 친구들 누구도 인생을 다시 산다면 20~30대로 돌아가고 싶다는 사람은 없다. 솔직하게는 어느 나이로든 돌아가고 싶지 않다. 우리는 '이상형'이 없다.

하지만 굳이 돌아가야 한다면 선택은 정해져 있다. 마흔에서 육십 사이다. 나는 육십을 막 넘었으니 아직 이 언저리에 엉덩이를 살짝 걸치고 있기는 해서 어르신들이 나를 보면 얼마나 부러워할지 이제는 알겠고 잠깐은 우쭐해보겠지만, 그래봤자 얼마나 가겠는가. 당신들에게 바통을 넘긴다.

고령자들이 가장 돌아가고 싶어 하는 나이가 당신이 지금 통과하고 있는 시기임을 안다면, 똑같은 힘듦이라도 조금 다르게 다가올 것이며 한 톨의 시간도 버릴 게 없다는 말이 이해될 것이다. 무엇보다도, 당신 자신이 나중에 고령자가 되었을 때 지금을 그리워하고 그 시간(지금)을 더 애정하지 못했음을 안 타까워하지 않았으면 한다. 지금이 당신 인생의 피크다.

서드 에이지 프라이드

좀 전에 앞으로는 수명이 늘어나 포스 에이지가 마지막 인생 주기가 아니라 피프스 에이지, 식스 에이지 등으로 확대될지 도 모른다고 했다. 하지만 생애 황금기인 서드 에이지를 끝으 로 내리막의 시기만 늘어나는 것을 바라는 사람은 없다. 그러 므로 수명이 늘어날수록 서드 에이지 기간을 늘리는 게 새로 운 목표가 될 것이다. 지금까지 서드 에이지를 대략 마흔에서 육십 사이의 20년으로 보았다면, 이후로는 그 기간을 30년, 40년 등으로 늘리길 원한다는 말이다. '신노년' '중노년' 등 노년 기와 중년기의 경계선에 해당하는 신조어가 등장한 것도 이런 심리의 반영으로 볼 수 있다.

자, 그런 방법이 있다 치자. 그렇다면 이미 생물학적으로 서 드 에이지를 넘겼는데 뒤늦게 그 시기를 늘리려고 하는 것과 한창 그 시기인데 좀 더 확장하는 것 중 어느 것이 쉬울까? 당연히 후자이며 지금 당신이 할 일이기도 하다. 지금 그 왕좌에 최대한 오래 앉아 있기.

왕좌를 오래 지키는 방법은 돈이나 인맥이 아니다. "세 명의 친구와 가까이 지내면 인생이 편하다"는 농담에 나오는 친구 직업 중 의사가 있다. 몸이 아플 때 의사 친구가 있으면 얼른 치료를 받아 목숨을 부지할 수 있다는 뜻인데, '빽'이 통하던 예전 시대에나 적용되는 말이지 지금 그랬다가는 형평성과 공정성을 위반하게 되고 의료법 위반이 될 수도 있다. 설사 인맥으로 빨리 치료를 받고 돈이 많아 고가의 신의료 기술을 근심 없이 받는다 쳐도, 관건은 그 과정을 감당할 수 있는 당신의 몸과 마음이다. 몸과 마음, 다르게 표현하면 체력과 뇌력이 인생 황금기를 연장하는 절대 반지이며 그 때문에 고령자들이 당신을 '이상형'으로 꼽는 것이다.

실제로 당신은 지금 '가장 뛰어난 중년의 뇌'를 보유 중이다. 바버라 스트로치가 쓴 책 제목이기도 한 이 내용은 뇌과학 연구를 통해서도 뒷받침되었다. 예전에는 지력智力이 20~30대에 최고치를 찍고 이후로 저하되는 것으로 알려졌지만, 뇌과학 연구들이 축적되면서 오히려 40~50대에 가장 좋다는 사실이 밝혀졌다. 청년기에 지식의 수준과 암기력이 가장 높은 것은 사실이지만 지식을 통합하는 통찰과 지혜는 중년기에 최고조에 달한다. 되돌아보면 우울했던 와중에도 내가 두 아이를 키우면서 퇴사 결심, 이직 준비, 업무 승계, 저술, 이사, 새 직장 안착 등 그토록 많은 일을 무리 없이 해치운 것도 '가장 뛰어난 중년의 뇌' 덕분이었다는 생각이 든다. 지금 그렇게 하라면 나 동그라졌을 것이다.

통찰과 지혜의 특성 중 하나는 다양한 상황에서 감정과 지성의 균형을 잘 유지하는 것이다. 같은 맥락으로 '중도'가 있다. 중년이 괜히 중년이 아니다. '가운데 중中'을 아주 잘 발현할 수 있는 나이다. 젊었을 때 멋져 보이려고 균형적인 시각을 가진 척, 중도를 걷는 척한 적이 있었지만, 중년에는 그런 척을 안 해도, 굳이 크게 애쓰지 않아도 자연스레 그렇게 된다. 도전과 응전, 깨짐과 봉합을 반복하며 적응해오면서 자동으로 숙성된 결과로 다양한 측면을 고려하는 객관적인 시야를 갖게돼서이다. 시간과 경험의 퇴적만큼 정직하고 무서운 게 없다. 일을 못 할 수가 없다.

시간의 축적으로만 따지면 훨씬 더 나이 든 사람들이 가장 일을 잘할 것 같은데 마흔에서 육십 사이의 중년이 챔피언인 이유는 경험의 질이 달라서가 아닐까 싶다. 중년의 경험은 엄청 시리고 아프고 신랄하고 자존심 상하는 것들이 잔뜩 끼어 있다. 그래서 고통스럽지만 그만큼 단단하게 벼려진다. 반면 육십에 가까이 갈수록 안전하고 익숙한 일 위주로 하게 된다. 그 나이쯤 되었으면 직장의 최고 위치에 있을 테니 누가 감히 비난하겠으며 아니면 아예 그럴 기회 자체가 없는 은퇴자일 테니 말이다. 외부로부터의 자극이 부족하니 뇌가 예리하게 다듬어질 기회가 점점 없어진다.

사실 중년의 체력은 뇌력만큼 대놓고 내세우기엔 미흡한 면이 있긴 하다. 젊은 사람들을 제치고 가장 뛰어나다고 할 수는 없다. 하지만 60대 이후에 비해서는 월등하고, 불규칙한 생활과 다이어트로 폭식과 절식을 번갈아 하며 인스턴트 음식과 과한 음주에 빠져 있는 20~30대에 비해서도 강인하다. 식스팩같이 젊은 사람들이 탄탄한 몸의 기준으로 보는 것들은 서서히 무너지고 근육도 차츰 소실되고 있긴 하지만, 체력은 맞서볼 만하다. 체력과 뇌력은 서드 에이지의 프라이드다. 중년기에 최고 수준으로 여문 이 능력을 오래오래 유지하도록 해보자.

가장 뛰어난 중년의 뇌

지금 당신에게 해당하는 '가장 뛰어난 중년의 뇌' 상태를 잘 보전하려면 무엇을 해야 할까. 뇌력을 유지하는 가장 좋은 방법은 독서와 공부다. 공부 하면 생각나는 '국영수'는 말만 들어도 넌더리가 나서 그렇지 뇌력을 높여주는 아주 확실한 방법이며, 교과서 앞 20쪽까지만 열심히 줄 긋기를 했더라도 교실에 갇혀 들여다본 덕에 지금 먹고산다고 할 수 있다. 하지만 여기서 말하는 공부는 학교에서 했던 공부가 아니라 시야를 넓히고 생각의 깊이를 더해주는 모든 지적 활동을 말한다.

그런데 지적 활동에 속하는 것으로들 알고 있는 디지털 게임은 별로 효과가 없다는 사실이 이미 밝혀졌다. 한때 지하철을 타면 주변의 반 이상이 핸드폰으로 ○○팡 게임을 하곤 했는데 그 시간에 책을 읽는 게 훨씬 효과가 좋다. 독서와 같은 지적 활동은 '인지 예비능cognitive reserve'을 비축하는 가장 쉬우면서도 탁월한 방법이다. 인지 예비능은 뇌의 기능이 저하되었을 때도 정상적인 인지 기능을 유지할 수 있는 뇌의 능력으로, 이 기능이 높은 사람은 치매에 잘 걸리지 않을 뿐 아니라 치매가 발생해도 증상이 덜 나타나고 저하 속도가 느리다. 이토록 중요한 능력을 중년기부터 준비한다면 더 나이 들어서도 쌩쌩하게 활동할 수 있다.

나는 조금 다른 차원에서 현재 중년의 뇌력이 최고 수준을 유지하는 기간이 상당히 오래갈 거라고 예상한다. 현 시대는 디지털 시대로 아날로그적 삶이 점차 사라지고 있다. 평균적으로 30대까지의 청년 세대가 디지털에 특화되어 있다면

60대 이후는 아날로그적 삶이 그래도 편한 쪽이다. 그 사이의 중년은 디지털에도 익숙하지만 아날로그도 잘 이해하고 다룰 수 있는 세대다. 양 시스템을 다 이해하고 다룰 수 있는 이 부분이 중년의 뇌 화력을 막강하게 한다.

가상의 예를 들어 한 번 더 설명해보겠다. 오늘 지구가 망했다고 가정해보자. 살아남은 사람은 70대 한 명, 40대인 당신 한 명, 마지막으로 태어나면서부터 스마트폰을 손에 쥐고 자란 '아이 세대'인 10대 한 명, 이렇게 세 명이다. 인터넷은 당연히 안 되고 금융시스템을 비롯한 디지털 기반의 모든 시스템이 파괴되어 돈 한 푼 찾을 수 없고, 먹이를 찾아 산에서 내려온 짐승들이 당신들을 잡아먹으려고 집 밖에서 노려보고 있다.

이런 상황에서 가장 생존 가능성이 높은 사람은 70대다. 과거에 전쟁을 겪었을 때 소나무 속껍질로 죽을 끓여 먹으며 살아남았던 놀라운 생명력으로 살아날 길을 찾아낸다. 나뭇가지를 이용해서 불을 피워내고 어딘가에서 찾은 숯으로 오염된 물을 걸러낸다. 철저한 아날로그적 삶이지만 40대인 당신은 이해할 수 있고 열심히 보조한다. 하지만 '검색'을 못 하면 뇌가 정지되는 데다가 배고프면 편의점이나 배달 음식을 사 먹고 벌레가 나오면 세스코에 연락했던 10대는 집구석에서 기어 나오는 엄청난 벌레들을 보는 것만으로 벌써 기절했다.

시간이 흘러, 외계인이 황급히 떠나면서 버리고 간 비행체를 발견했다. 이제부터는 상황 역전이다. 70대는 비행체에 오르는 것조차 버겁지만 10대는 날쌔게 이런저런 장치를 누르며 탈출 방법을 찾아낸다. 이제 완전히 디지털 시스템 상황으로 바뀌었지만 40대인 당신은 역시나 잘 이해할 수 있고 열심히 보조한다. 짧은 예지만 중년의 뇌력이 얼마나 가용성이 큰지 이해되었을 것이다. 단, 놀라운 그 뇌력을 잘 유지하려면 삶에서 절대 디지털의 분량이 아날로그를 넘어서지 않도록 해야 그 혜택을 받을 수 있다.

스마트폰과 SNS로 망가지는 아이들의 뇌를 조목조목 파헤친 조너선 하이트의 『불안 세대』[50]의 추천사를 쓴 최재천 교수는 "스마트폰과 SNS로 아이들의 뇌를 망친 어른들의 직무 유기를 고발한다"라고 하셨는데, 어른들은 고발만 당하면 될까? 어른들의 뇌는 괜찮을까?

나는 SNS를 정말 최소한으로 하는데도 예전에 비해 주의집중 시간이 짧아졌음을 바로 알겠다. 강제로 스마트폰을 꺼야 하는 상담과 강연 등의 시간이 아닌, 지금처럼 스마트폰을 켜놓고 글을 쓰는 경우를 비교해본다. 예전에는 앉은 자리에서 기본 2~3시간은 집중할 수 있었는데 요즘은 최소 30분에 한 번씩 알림이나 게시물을 훑느라 주의가 분산된다. 어떤 때는

10분에 한 번씩 그러기도 한다. 정식 주의력 검사를 받지 않아도 주의력 부분을 담당하는 뇌 영역이 저하되고 있음이 확실한데, 뇌는 한 영역이 문제가 생기면 인접 영역까지 영향을 안 미칠 수 없다. 뇌의 기능 저하야 한참 지난 뒤에 자각하겠지만, 다들 알다시피 스마트폰을 들여다보고 있으면 청소도 하기 싫고 빨래는 엄두도 안 나며 심지어 밥해 먹기도 싫은 등 기본 생활을 유지하는 것조차 힘들다. 생활이 망가질 정도는 아니라도 근근이 연명하고 사는 느낌이 들 때가 많다. 양육과 같은 더 고도화된 활동이 귀찮아지는 건 물론이다.

챗봇까지 등장한 놀라운 디지털 세상이지만 감정과 사고, 생활 등 인간의 핵심 기능을 잠식하고 퇴행시키는 부분이 분명히 있음을 알고 현명하게 사용해야 한다. 중년이 이 부분을 잘 조율한다면 전 세대를 아울러 최강의 뇌력을 오랫동안 보유할 수 있다.

디지털의 폐해가 아주 가까이, 그리고 곳곳에서 빠르게 감지되다 보니 선진국에서는 이미 법제화를 통한 해법을 제안하고 있다. 2024년 기준으로 미국 13개 주와 영국에서 13세 미만의 SNS 사용 금지 법안이 통과되었고, 프랑스와 호주에서도 아동의 스마트폰 금지 및 SNS 가입 금지법을 검토 중인데 우리나라도 법제화가 시급하다. 선진국들처럼 지금이라도 강제로 일정 나이가 되기까지 사용을 막는다면 아이들의 뇌는 정상 상태로 회복될 거라고 확신한다. 그들의 뛰어난 '뇌 가소성' 때문이다. 뇌가 새로운 행동이나 경험에 맞춰 조율된다는 의미다.

하지만 이 가소성이 중년기를 넘어가면 약해진다. 노인들의 뇌에서 특정 영역의 신경세포 하나가 회복되었다는 과학 뉴스가 간혹 보도되긴 하지만, 뇌 전체의 가소성이 젊었을 때와 같을 수는 없다. 아이들 못지않게 어른들도 디지털에 뇌를 잠식당하지 않도록 각별히 신경 써야 한다. 중년기 이후에는 치매 등 심각한 뇌 기능의 문제가 나타날 수 있는 노년기가 도사리고 있으므로 건강한 삶의 방식으로 뇌력을 최대한 높여두어야 할 것이다. 디지털은 우리가 잘 이용해야 하는 것이지 이용당해서는 안 된다. 일은 디지털로 하더라도 생활은 아날로그를 더욱 지향해야 한다.

마지막으로 할 얘기는, 체력을 증진시키는 운동이 뇌까지 건강하게 한다는 사실이다. 운동을 하면 도파민과 세로토닌 등의 신경전달물질 대사 반응이 활발해지고, 뇌의 새로운 뉴런 생성에 도움이 되며, 혈류 증가로 염증 발생이 억제되어 우울증이나 치매 등도 예방된다. 과학자들이 밝혀낸 몇 가지 장

수 유전자들이 '운동할 때' 활성화된다는 것도 밝혀졌다. 뇌 기능을 높이고 치매를 예방하는 '한 알의 약'을 만들기 위해 엄청난 연구비를 써가며 매달렸던 제약회사와 과학자들은 기대만큼의 효과가 없다는 부정적인 결과와, 효과는 있지만 부작용이 너무 심해서 계속 복용하기 힘들다는 딜레마에 직면하게 되었다.

이에 노화학자들은 접근을 달리하여, 건강하게 장수하는 노인들이 많이 살고 있는 '블루존' 연구를 통해 음식과 운동 등의 '생활 습관'이 대단히 중요함을 알게 되었고, 특히 운동의 필요성에 대해서는 동서고금을 막론하고 만장일치다. 운동을 하면 중요한 기억 기관인 해마의 크기가 커지고 뇌세포 간의 연결성이 증가하는 등 긍정적인 결과가 매일같이 보고되고 있으니, 서드 에이지 프라이드를 지키려는 자들이라면 이 '절대 반지'를 절대로 남에게 뺏기지 말라.

앞에서 재하강기가 왔을 때 할 일로 제안한 '수를 바꿔보기' '쉬어가기'에 이어 세 번째로 '서드 에이지 프라이드 지키기'를 포함하면 좋겠다. 중국 춘추시대 월나라 왕 구천이 오나라 왕 부차와의 전쟁에서 패한 후 섶에 누워 자고 매일 곰 쓸개를 핥으며 복수를 다짐했다는 이야기에서 비롯된 용어 '와신상담'을 다들 알 것이다. 재하강기에 처한 당신이 패장敗將이 되어

와신상담한다고 가정해보자. 패장은 다음번 승리를 위해 와신상담만 하는 게 아니라 칼을 녹슬지 않게 잘 정비한다. 현대세상에서 당신의 무기는 칼이 아니라 뇌와 몸이다. 재하강기가 와서 마음이 번잡할수록 뇌와 몸을 예리하게 잘 닦아놓도록 하자. 그리고 기다리면 된다.

마흔, 축제의 시작

최영미 시인의 제목만으로도 의미심장한 「서른, 잔치는 끝났다」[51]라는 시가 있다. 서른에 잔치가 끝난다니 마흔은, 또 쉰은 어떻게 살란 말인가. 어언 환갑을 넘으셨을 시인이 여전히 서른에 잔치가 끝났다고 생각하는지 궁금해질 때가 있다. 다른 시 「어떤 게릴라」[52]에서 "(……) 내 나이 서른 둘 인생에서 무서운 것은 다 그렇게 오더라 들킬세라 미리 와, 기다리고 있더라"라고 했던 '무서운 것'을 다 어떻게 넘기셨는지도 궁금해진다. 하지만 사실 시인은 이미 답을 하신 것 같다.

  (……) 어쩌면 나는 알고 있다
  누군가 그 대신 상을 차리고, 새벽이 오기 전에
  다시 사람들을 불러 모으리라

274

당신은 언제나 괜찮다

환하게 불 밝히고 무대를 다시 꾸미리라

그러나 대체 무슨 상관이란 말인가

_「서른, 잔치는 끝났다」에서

시인의 말대로, 서른에 잔치는 끝나는지도 모른다. 잔치는 기쁜 일이 있을 때 음식을 차려 놓고 여러 사람이 모여 즐기는 일로 애초에 기쁜 일이다. 서른, 꽃에 비유하자면 만개하는 딱 그 나이니 더 이상 찬란한 기쁨이 없을 것 같긴 하다. 하지만 '대체 무슨 상관이란 말인가'. 서른에 잔치는 끝나는지 몰라도 마흔부터는 축제를 시작할 수 있다.

잔치와 달리 축제는 꼭 기쁜 일로만 모이지 않는다. 용어 자체도 '축하'와 '제사'가 합친 말이듯 생사고락을 다 기린다. 우리나라에는 조상의 사망일에 제사를 지내는 기제忌祭라든지 '삶의 끝자락에서 펼치는 축제'라 불리는 씻김굿 등의 풍속이 있고, 멕시코에는 원주민들이 '망자亡者의 날 축제'를 보내는 풍속이 있듯이 말이다. 한마디로, 희喜에 치중하는 잔치와 달리 축제는 희로애락喜怒愛樂을 다 아우르는 훨씬 역동적인 의례로서 내적으로 성숙하고 깊이를 지닌 마흔을 넘어야 제대로 열 수 있다.

잔치는 잔치를 벌일 만큼 기쁜 일이 생긴 당사자, 혹은 당사자의 가족이 준비하는 것으로 돌잔치, 팔순 잔치처럼 일생에 각 한 번씩만 연다. 반면 축제는 같은 마음을 품고 있는 사람들이 모두 모여 의의를 기리고 음식과 고마운 마음을 나누는 공동체 의식으로 평생 연다. 잔치는 개인의 기쁨을 다른 사람이 피동적으로 축하하는 것이라면 축제는 구성원들이 집단 희열을 공유하며 시종일관 능동적으로 참여한다.

처음 여는 축제는 구경거리가 별로 없을 수도 있지만 해가 지날수록 노하우가 쌓이고 차츰 소문이 나서 장안의 사람들이 모두 몰려와 기뻐하고 축하한다. 마찬가지로 마흔에 처음 시작하는 축제는 당연히 어설프지만, 나이를 먹을수록 레퍼토리가 더욱 풍성해지고 사람들의 진심과 신명이 더해진다. 마흔에 '수중에 있는 것들'로 첫 축제를 한다 치자. 다음 해에 보니 삶이 크게 나아지지는 않았지만 적어도 큰 손해를 보지는 않아 그럭저럭 작년만큼은 먹고살 만하고 특별히 아픈 데도 없다? 두 번째 축제를 열기에 충분하다. 감사하며 한 해의 산물을 같이 나누면 된다.

그렇게 해를 넘기다 보면 아이들이 졸업해 독립하거나 가정을 꾸리고, 부모님이 그래도 기력을 잘 유지하시고, 친척 중 누가 취직이 되었다 하고, 친구 중 누가 일이 잘 풀렸다고 하는 등 좋은 소식이 없는 해는 한 번도 없다. 잔치는 '내가' 기뻐야

당신은 언제나 괜찮다

벌이지만 축제는 공동체 의식이므로 꼭 내가 아니라 누구라도 기쁜 일이 생기면 벌일 수 있다. 내가 속한 공동체의 일원이 잘되고 잘 살면 감사하고 축하할 일이다. 물론 나쁜 일도 벌어져 잠깐 가슴이 철렁할 때도 있지만 십시일반으로 무사히 넘긴다.

잔치가 아니니 기쁜 일만 있을 수도 없고 슬프고 안타까운 일들이 점점 더 많아지지만 "고생했다" "대단하다" 하며 서로를 보듬고 용기를 주고받는 그런 아름다운 축제를 바로 당신이 주관하는 것이다. 마흔부터.

마흔에 축제를 시작한다면 육십까지 대략 20년 동안은 축제가 갈수록 풍성해진다고 봐도 좋다. 어느 해도 똑같은 때가 없이 매년 흥미진진하고 새롭다. 그다음은, 나도 아직 푹 살아본 나이대가 아니어서 자신 있게 말할 수는 없지만, 은퇴와 자식 독립 등 삶의 한 장場을 덮은 후 눈을 반짝이며 "인생은 70부터!"라고 외치는 지인들을 보면 축제가 계속되는 것은 확실하다.

생애 최고의 축제는 언제일까. 각자 다르겠지만 '더도 말고 덜도 말고 딱 이만큼만 같았으면' 하는 그런 시간일 것이다. 그때까지 시행착오를 거듭하며 생애 최고의 축제를 준비해보자.

시행착오를 겪었던 것들은 단순히 중년기에 최고의 축제를

277

만드는 것만으로 끝나지 않는다. 이는 다음 생애 주기, 즉 포스 에이지에 쓸 '마스터키'가 된다. 학창 시절 처음 이 단어를 배웠을 때 마술 지팡이 같은 이미지가 떠오르면서 묘하게 마음에 들었다. 무엇이든 열 수 있는 만능 열쇠라는 뜻이지만, 비유적으로 어떤 문제나 상황에서 핵심적인 해결책을 의미한다는 데서 어렸을 때 동화책에서 읽었던 요술봉이 연상되기도 했다. 어린 시절에 다들 한 번 정도는 천사가 요술봉을 가져다주는 꿈을 꾸었던 것처럼, 그런 마스터키가 하늘에서 뚝 떨어지면 참 좋겠다는 공상을 했던 기억이 난다.

그런데 이제는 알겠다. 마스터키는 천사가 갖다주는 게 아니라 스스로 만들어야 한다는 것을. 그리고 그것을 가장 잘 만들 수 있는 때는 중년기다. 생애 가장 많은 일이 일어나지만, 앞서 말했듯이 '가장 뛰어난 중년의 뇌'를 보유하고 있기에 멋지고 세련되게 해결하기 때문이다. 그리고 그 과정에서 얻은 배움과 깨달음으로 갈수록 날렵해지는 마스터키를 만들게 된다.

포스 에이지에 겪을 일들은 서드 에이지와 크게 다를까? 아니, 거의 같다. 노년기에도 우울할 것이고 여전히 질병, 갈등, 경제적 어려움 등이 있을 것이다. 하지만 이미 겪어봤던 일들이니 예전만큼 무섭거나 버겁지는 않다. 게다가 처음 그런 문제들이 쓰나미처럼 밀려왔던 중년기에 아플 만큼 아파보고 상심할 만큼 상심하면서 갈고 닦은 마스터키가 있기에, 훨씬 여유 있고 능숙하게 대처할 수 있다. 새롭게 다룰 것은 '죽음' 정도다.

노년기에 들어서면 노련함이 더해지겠지만, 인생 후반기를 끌고 갈 거시적 전략은 지금 중년에 만든다고 할 수 있다. 나중에 '죽음'에 직면할 때 필요한 용기나 지혜도 현재 겪는 숱한 상실감, 고립감, 외로움을 통해 지금부터 엮그는 것이다. 다만, 당신보다 앞선 세대의 말에 가끔 귀를 열어 마스터키를 만들 때 참고하면 좋다. 이를테면, 당신이 은퇴한다면 무엇이 가장 그립고 아쉬울 것 같은가? 일반적으로는 '수입'이라고 생각하지만, 이미 은퇴를 한 선배들은 '인간관계의 단절'과 '목적의식의 상실' 같은 정신적·심리적 문제를 대부분 언급한다는 것을 알면 마스터키를 벼리는 데 도움이 될 것이다.

사는 동안 어느 해는 풍작을 이루고 어느 해는 흉작밖에 안 될 것이다. 그러나 풍작일 때는 '이게 사는 거지' 하며 기뻐하고 즐기고, 흉작이면 내 인생의 마스터키를 만드는 데 활용하겠다는 마음으로 지내다 보면 인생 3분기를 잘 버텨내는 것은 물론이고 생애 최고의 황금기로 보낼 수 있을 것이다. 그러다 보면 어느새 마스터키를 제련하는 그 '마스터'가 되어가고 있음을 알아차리게 될 것이다.

그 시기를 넘어보니, 인생은 좀 잘나가거나 배움의 시간일 뿐이지, 조금 안 풀린다고 다이어리에 '망했다'라고 너무 일찍 적을 건 아니라는 걸 알게 되었다. 안 풀리면 고개 숙이고 조심조심 걸으면서 '무얼 놓쳤을까. 이번에는 무얼 배워야 할까' 하면 되었을 텐데, 그랬으면 마음고생으로 너무 기력을 뺏기지 않고 어김없이 다시 오는 풍년을 더 즐겁게 맞이했을 텐데, 그걸 몰라 중년기 문제들이 처음 닥쳤을 때 더 춥고 어둡게 보냈던 것 같다.

그러니 흉년이 온 듯해도 너무 많이 걱정하지 말기 바란다. 반드시 다 지나간다. 흉년이다 싶을수록 '서드 에이지 프라이드'를 지키면서 당신 삶의 마스터가 되는 데 집중하라. 더 멋진 다음 축제를 맞이하게 될 것이다. 수많은 힘듦과 슬픔을 겪게 되더라도 더 많은 기적의 시간에 감사하게 되는 그런 축제를.

마흔, 축제의 시작이다.

서드 에이지 프라이드 지키기

나에게 재하강기가 온다면
무엇을 할지 계획을 세워보자.

1.
....

....

2.
....

....

인생이 뜻대로 되지 않고 있다면,
'이번에는 무얼 배우고 있는지' 적어보자.

1.
....

....

2.
....

....

나가는 말

또렷하고 맑은 눈빛으로
힘차게 걸어갑시다

글을 다듬으면서 차례를 다시 훑어보니, 도입부는 우울을 비롯한 '마음의 대소동'에 관한 내용이고 마지막 제목은 '마흔, 축제의 시작'입니다. 처음부터 이런 순서로 쓰겠다고 작정한 것은 아니었는데 인생 3분기를 지나왔던 마음의 경로를 저도 모르게 따랐던 것 같습니다.

비가悲歌가 흐를 듯한 '우울'로 시작됐지만 환희의 송가가 울려 퍼질 것 같은 '축제'로 마무리되는 게 모든 사람에게 해당하는 건 아니라는 생각을 하실지 모르겠습니다. 특히 이제 막 인생 3분기에 들어서서 이것저것 서서히 흔들리기 시작하는 분들이라면, 과연 자신도 그렇게 희망적으로 마무리할 수 있을지 확신이 들지 않을 수도 있겠습니다. 저도 그랬으니까요. 그러나 온 마음으로 말씀드리건대, "걱정하지 마십시오!"

때로는 엉엉 울고 싶고 때로는 분노가 치밀며 또 때로는 좌절감에 휩싸여 앞이 안 보이더라도, 할 수 있는 만큼만 조금씩 헤쳐나가다 보면 그 끝에 예전에 알지 못했던 새로운 길이 당신을 반드시 기다리고 있다는 것을 믿기 바랍니다.

"그래서 지금은 우울하지 않나요?"라고 물으신다면 그건 달라지지 않았다고 말씀드립니다. 여전히 우울합니다. 오히려 우울한 일의 빈도가 갈수록 잦아집니다. 환갑을 넘어 나부터 몸이 여기저기 쇠락하는 것은 물론, 부모님은 말할 것도 없이 친밀한 사람들 대부분이 같이 나이 들어가다 보니 한 달에 한 번꼴로, 어떤 달은 일주일이 멀다 하고 질병을 비롯한 온갖 상실에 관한 이야기를 전해 듣습니다. 그러니 어떻게 안 우울할 수 있겠어요? 전 국민의 마음을 아프게 하는 비극적인 사건도 잊을 만하면 한 번씩 발생하고요.

하지만 우울을 대하는 마음은 달라졌습니다. 지금은 우울감이 올라올 때 시든 꽃처럼 생기가 증발하지는 않습니다. '우울하지 않은 세상'을 바라는 비현실적인 생각도 말끔히 털었습니다. 힘든 일이 생길수록 회피하지 않고 오히려 두 발을 땅에

굳건히 딛고 눈을 더 크게 떠서 힘차게 걸어가고자 합니다. 물론 잘 안될 때가 허다하지만 마음만은 의연히 맞서려 합니다. 한마디로, 전보다 마음이 단단해짐을 느낍니다. 젊었을 때는 '페르소나'와 '허세'로 강한 척했다면, 중년을 통과하면서는 속에서부터 제대로 차곡차곡 단단함이 쌓입니다. 중년기 우울을 비롯한 허다한 증상과 사건을 헤쳐나오면서 '연단'되어서 그렇겠지요?

이런 전환이 오로지 저만의 경험이라면 이 책을 쓰겠다는 엄두를 못 냈을 것입니다. 이루 말할 수 없이 버거웠던 삶을 꿋꿋이 살아낸 부모님과 가족, 친지들, 무엇보다도 호두같이 단단한 마음으로 영글어가는 내담자들이 함께해주셨기에 책을 낼 수 있었습니다. 그분들께 이 자리를 빌려 다시금 감사드리고 어렵사리 얻은 마음의 평화를 부디 오래오래 보전하시길 기원합니다. 그분들의 공통점은 학력, 경제력, 체력, 과거의 성공 경험 등과는 일절 상관이 없었고, 오로지 '포기하지 않는 마음'이었습니다.

당신이 중년의 위기를 겪고 있으시다면 언젠가 그 문제들이 '외적으로' 모두 해결된다고 말씀드릴 수는 없습니다. 하지만 절대 포기하지 않고 끝까지 가기만 한다면, 예전보다 '내적으로' 근사하고 단단해져 문제들을 하나씩 타개해갈 거라는 건 확실히 말씀드립니다.

골든 서드에이지를 잘 통과하여 인생 2막을 멋지게 준비해 보시기 바랍니다.

참고 자료

1   조녀선 라우시, 김고명 옮김, 『인생은 왜 50부터 반등하는가』, 부키, 2021

2   이지선, 『꽤 괜찮은 해피엔딩』, 문학동네, 2022

3   김도희·유혜미·임지인, 『요즘 언니들의 갱년기』, 일일호일, 2021

4   김정운, 『바닷가 작업실에서는 전혀 다른 시간이 흐른다』, 2019, 21세기북스

5   장석주, 『대추 한 알』, 이야기꽃, 2015

6   월터 B. 피트킨, 김경숙 옮김, 『인생은 사십부터』, 사이, 2007

7   김형석, 『백년을 살아보니』, 덴스토리, 2016

8   인터넷 기사, https://www.news1.kr/articles/4610436

9   서울대학교 행복연구센터, 『대한민국 행복지도 2023』, 21세기북스, 2023

10 모건 하우절, 이수경 옮김, 『불변의 법칙』, 서삼독, 2024

11 안중호 외, 『당신의 노화시계가 천천히 가면 좋겠습니다』, '산부인과 채희동 교수 편', 클라우드나인, 2023

12 크리스티안구트, 유영미 옮김, 『나는 왜 늘 아픈가』, 부키, 2016

13 요하네스 뷔머, 배명자 옮김, 『호르몬과 건강의 비밀』, 현대지성, 2020

14 앤서니 윌리엄, 박용준 옮김, 『난치병 치유의 길』, 진성북스, 2017

15 빅터 프랭클, 이시형 옮김, 『삶의 의미를 찾아서』, 청아출판사, 2017

16 이현수, 『나는 나답게 나이 들기로 했다』, 수카, 2021

17 율리아네 쾨프케, 김효정 옮김, 『내가 하늘에서 떨어졌을 때』, 흐름출판, 2019

18 칼 구스타프 융, 김세영·정명진 옮김, 『칼 융 레드 북』, 부글북스, 2020

19 머리 스타인, 김창한 옮김, 『융의 영혼의 지도』, 문예출판사, 2015

20 로이 F. 바우마이스터·존 티어니, 이덕임 옮김, 『의지력의 재발견』, 에코리브르, 2012

21 김경록, 『60년대생이 온다』, 비아북, 2024

22 조나단 말레식, 송섬별 옮김, 『번아웃의 종말』, 메디치미디어, 2023

23 애덤 그랜트, 홍지수 옮김, 『오리지널스』, 한국경제신문, 2020

24 이현수, 『하루 3시간 엄마 냄새』, 김영사, 2013

25 헨리 데이비드 소로, 강승영 옮김, 『월든』, 은행나무, 2011

26 라이언 부시, 한정훈 옮김, 『마음설계자』, 웅진지식하우스, 2023

27 비욘 나티코 린데블라드, 박미경 옮김, 『내가 틀릴 수도 있습니다』, 다산초당, 2022

28 키어런 세티야, 연아람 옮김, 『라이프 이즈 하드』, 민음사, 2024

29 랄프 왈도 에머슨, 변용란 옮김, 『자기신뢰』, 현대지성, 2021

30 랄프 왈도 에머슨, 서동석 옮김, 『자연』, 은행나무, 2014

31 아르투어 쇼펜하우어, 홍성광 옮김, 『쇼펜하우어의 고독한 행복』, 열림원, 2024

32 데이비드 실즈, 김명남 옮김, 『우리는 언젠가 죽는다』, 문학동네, 2010

33 한병철, 『피로사회』, 문학과지성사, 2012

34 류시화, 『내가 생각한 인생이 아니야』, 수오서재, 2023

35 넬슨 만델라, 김대중 옮김, 『자유를 향한 머나먼 길』, 두레, 2020

36 페이 바운드 알베르티, 서진희 옮김, 『우리가 외로움이라고 부르는 것에 대하여』 중에서 발췌, 미래의창, 2022

37 칼 뉴포트, 김태훈 옮김, 『디지털 미니멀리즘』, 세종서적, 2019

38 페르난두 페소아, 오진영 옮김, 『불안의 책』, 문학동네, 2015

39 버지니아 울프, 이미애 옮김, 『자기만의 방』, 민음사, 2016

40 피아 칼리슨, 이현주 옮김,『생각이 많아 우울한 걸까, 우울해서 생각이 많은 걸까?』, 필름, 2022

41 에릭 B. 라슨·조안 데클레어,『나이 듦의 반전』, 파라사이언스, 2019

42 아서 브룩스,『인생의 오후를 즐기는 최소한의 지혜』, 비즈니스북스, 2024

43 프랭크 브루니,『상실의 기쁨』, 웅진지식하우스, 2023

44 이근후,『나는 죽을 때까지 재미있게 살고 싶다』, 갤리온, 2013

45 이시형·박상미,『내 삶의 의미는 무엇인가』, 특별한 서재, 2020

46 빅터 프랭클, 이시형 옮김,『빅터 프랭클의 죽음의 수용소에서』, 청아출판사, 2020

47 배르벨 바르데츠키, 장현숙 옮김,『따귀 맞은 영혼』, 궁리, 2020

48 앨런 D. 카스텔, 최원일 옮김,『나이 듦의 이로움』, 광주과학기술원, 2020

49 바버라 브래들리 해거티, 박상은 옮김,『인생의 재발견』, 스몰빅인사이트, 2017

50 조너선 하이트, 이충호 옮김,『불안 세대』, 웅진지식하우스, 2024

51 최영미,「서른, 잔치는 끝났다」,『서른, 잔치는 끝났다』, 이미, 2020

52 최영미,「어떤 게릴라」,『서른, 잔치는 끝났다』, 이미, 2020

당신은 언제나 괜찮다

© 이현수, 2025

초판 1쇄 발행 2025년 5월 7일
초판 2쇄 발행 2025년 5월 23일

지은이 이현수
책임편집 조혜영
콘텐츠 그룹 전연교 김신우 정다솔 문혜진 기소미
디자인 이보람

펴낸이 전승환
펴낸곳 책읽어주는남자
신고번호 제2024-000099호
이메일 bookfarmers@thebookman.co.kr

ISBN 979-11-93937-61-7 03180

.